FEMALE POSITIONS

FEMALE POSITIONS

Daniela Banglmayr, Susanne Baumann und Sandra C. Hochholzer (Hrsg.)

1. Auflage
ISBN: 978-3-200-08427-8
positionen 2022
www.femalepositions.at
Alle Rechte vorbehalten

Titelbild:
© Hiroko Ueba
Bildtitel »communication«

Buchgestaltung:
Alexandra Möllner
www.alexandramoellner.at

Druck:
Gutenberg-Werbering GmbH,
4020 Linz

Für Helga, Johanna, Leni
und alle Frauen*

»Wir möchten, dass aus Bestehendem
etwas Neues entsteht.«

Schon lange überlegen wir eine zeitgemäße
Annäherung an Geschlechtergerechtigkeit
und die damit verbundenen Anforderungen an
das gesamtgesellschaftliche Gefüge. Dazu
gehört eine aktuelle Auseinandersetzung mit
dem Begriff des Feminismus, den geltenden
Frauenrechten, der »gläsernen Decke« für
Frauen in bestimmten Positionen, der Aufteilung
der Care Arbeit (Mutterschaft und Pflege)
und generell den Partizipationsmöglichkeiten
von Frauen und Männern in unserer Gesellschaft. Ausgehend von der pandemiebedingt
besonders herausfordernden Situation für
Frauen ist die Idee für die vorliegende Publikation entstanden, die all diesen Fragen mit
Frauen aus unterschiedlichen Professionen
nachgeht.

Frauen sollen aktiv durchs Leben gehen, die
Welt verändern, neue Dinge erforschen
und Spuren hinterlassen in dieser Welt sagt
die deutsche Künstlerin Käthe Kollwitz.
Wenn wir *female positions* denken, steht
neben dem Antrieb etwas für uns selbst voranzubringen nicht nur der Wunsch nach
gemeinsamer Weiterentwicklung, sondern
auch die Verpflichtung zur politischen
Einbringung.

Hannah Arendt erklärt in ihrem Hauptwerk vita
activa, dass es das Tätigsein ist, was uns
Menschen ausmacht. Für sie ist das Handeln
die bedeutendste Tätigkeit, es vollzieht
sich im öffentlichen Raum, in dem unterschied-

lichste Menschen frei miteinander verkehren und in öffentlicher Rede und Widerrede das Wohl der Gemeinschaft voranzubringen suchen. Geschlechtergerechtigkeit ist demgemäß eine gesamtgesellschaftliche Herausforderung, die die Gesellschaft als Ganzes voranbringen wird. Auch ist dieses Buch entsprechend kein Abschluss, sondern Ausgangspunkt für unsere weitere Arbeit.

In *female positions* wird nicht eine Geschichte erzählt, sondern 20 Positionen in Form von Analysen, Erlebnissen, Erfahrungen, Sehnsüchten und Veränderungsansätzen bilden das Hier und Jetzt aus weiblicher Sicht ab —20 Blickwinkel zur Verortung von Geschlechtergerechtigkeit, die keinen Anspruch auf Ausschließlichkeit – aber sehr wohl den Anspruch auf ihre Einzigartigkeit stellen. Ihre Reihenfolge könnte in unzähligen anderen Varianten gewählt werden.

An dieser Stelle möchten wir unsere Wertschätzung den Autorinnen und Gestalterinnen dieser Publikation gegenüber unterstreichen – die Zusammenarbeit mit euch ist uns ein Fest! Gleichzeitig gilt unser herzlichster Dank allen, die an diesem Werk mitgearbeitet, mitgedacht und es ermöglicht haben.

Daniela Banglmayr, Susanne Baumann und Sandra Hochholzer (im April 2022).

[...] er mag das Rascheln nicht. Aber es raschelt.
Und raschelt. Nicht aufgeben. Es raschelt. In vielen Bäumen.
Der Wind legt sich *nicht* ...

Hiroko Ueba

Hiroko Ueba arbeitet als Künstlerin, Kuratorin, Grafikdesignerin und sie führt ein Malatelier. Sie studierte an der Tokyo University of Arts bei Prof. Yasuji Horikoshi und Prof. Norihiko Saito und hat als Beste des Jahrgangs abgeschlossen. Sie hat den Salon de Printemps Preis, den Preis des Bürgermeisters des Stadtteils Taito und das Ikuo Hirayama Stipendium gewonnen. Nach dem Abschluss des MA, nahm sie am Komposition-Kreativkurs *Gruppo Aperto Musica Oggi* bei Prof. Sylvano Bussotti in Italien teil. Danach wurden ihre Motive Impressionen von Musik. Während der Pandemie malte sie die Impressionen von Tönen der Natur. Sie machte zahlreiche Ausstellungen in der Welt. Sie kuratierte die *Karl Mostböck-Asiatische Reflexionen* der Oberösterreichischen Landesausstellung in Steyr. Titelbild: *communication*, 2022, 48,6 cm × 34,5 cm, Pigment, Leim, Aquarell und Tusche auf Japanpapier. www.hirokoueba.com / www.artiloum.com

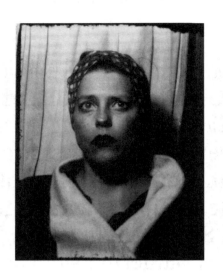

Anna Katharina Laggner

*1977 in Graz. Studium der Internationalen Wirtschaftsbeziehungen. Schreibt für FM4 über Film, gestaltet Reportagen, Features und moderiert für Ö1 (Diagonal), war mit Hörstücken und Installationen in der NGKB Berlin, beim Steirischen Herbst, dem Parcours d'art contemporain im Valée du Lot, dem Festival der Regionen und zuletzt bei der SteiermarkSchau 2021 vertreten. Als Autorin ist ihr Text *Fremdlinge. Aufzeichnungen aus dem eigenen Leben* zuletzt erschienen (Essayband WienModern 2021). Lebt und arbeitet in Wien und Heiligenberg.

Anna Katharina Laggner

BEWUNDERUNG

Am 10. Februar fragt sich meine Therapeutin, ob ich psychotisch bin –»oder entspricht dieser Redefluss, der so ist wie eine Wurst ohne Prioritäten, Ihrer Persönlichkeit?«

An diesem Tag bin ich alleine. An diesem Tag wird nicht gekocht.

Am 14. Februar ist der Kindergarten zu, wir erfahren es vor Ort. Die Kindergärtnerin hält sich – mit vor Entsetzen geweiteten Augen – den Mund zu. Jetzt nicht verzweifeln, wir trotten wieder nach Hause. Trotteln. Zwei Dreijährige und ihre Mutter. Eine der beiden singt am Heimweg; »Die Mama kann heute nicht arbeiten, die Mama kann heute nicht arbeiten«. Beim ersten Lockdown dieser Pandemie hat die Geschäftsführerin einer deutschen Wochenzeitung geschrieben, es sei ein Drama, dass nun alle Mütter zu Hause sind (eventuell hat sie eine andere Version des Wortes Drama verwendet), gerade jetzt sei eine entscheidende Zeit, »jetzt werden Karrieren gemacht«.

Damals, in diesem ersten Lockdown, als Krethi und Plethi, beseelt von Langsamkeit, Reduktion und Minimalismus, ihre Osttiroler Getreidemühlen entstaubt haben, habe ich Die Haushaltsschule als coronabedingtes Pflichtfach eingeführt. Der damals Zehnjährige hat Homeschooling gehasst.

Am 15. Februar fahre ich mit den zwei Dreijährigen zu Ikea, das Bällebad ist geschlossen, hätte ich mir denken können (hab ich aber nicht), man trifft sich jetzt in der Kinderabteilung. Ich bin nicht

die einzige Mutter, die diese geniale Idee hatte. Die
Kinder verteilen Plüsch-Schlangen, Plüsch-
Elefanten, Plüsch-Flamingos in den Betten – alle
Tiere haben ein zweites, kleineres Exemplar
von sich selbst mit Klettverschluss an ihren Körper
angeklebt – sie werden behutsam zugedeckt:
»Gemütlich hast du's da«. Die Kinder beschriften
die weiße Tafel mit abwaschbaren Stiften, sie
kochen in der Küche, verstecken sich in den Zelten,
hüpfen von Bett zu Bett, die Mitarbeiterinnen
mit den gelben T-Shirts räumen dann alle Tiere
wieder zurück in ihre Drahtkobel, löschen die
Tafel, räumen alles Spielzeuggeschirr zurück aus
dem Zelt in die Spielzeugküche, es scheint sie
nicht zu stören, oder sie zeigen's nicht, wir sind
hier alle gleich und niemand macht Karriere.
Im ersten Lockdown habe ich nicht gearbeitet. Im
zweiten habe ich gearbeitet. Im dritten habe
ich gearbeitet und in all denen, die wir nicht mehr
gezählt haben, habe ich auch gearbeitet. Seit
es keine Lockdowns mehr gibt, ist die Lage sehr
unübersichtlich geworden. Nun entscheiden
die einzelnen Institutionen selbst. Wir sind am
Rand unserer Kräfte, wir sind über die zehn
Kilometer, die immer noch gehen, wenn gar nichts
mehr geht, hinaus.

Am 17. Februar behauptet ein dreijähriges Mädchen,
Stirn- und Kopfweh zu haben. Ich fühle mich
nicht krank. Aber falsch.

Die Klasse des Elfjährigen wird geschlossen, wir
sind wieder im Homeschooling. Im letzten Lockdown, den wir hatten, waren »Kirtagsähnliche Ge-
legenheitsmärkte« erlaubt, dafür wurde K1 abge-
schafft.

Es ist praktisch unmöglich, bei sich zu bleiben, wenn sich permanent die Parameter ändern. Lernaufgabe in Biologie ist Die Hausstaubmilbe. Im Schlafzimmer wird auf Holzzugschienen Eis gelaufen und ich versuche ein Manuskript zu überarbeiten, seit fünf Wochen. »Wann in meinem Leben werd ich jemals die Hausstaubmilbe brauchen«, fragt der Elfjährige. »Ich weiß gar nicht, wie du das alles schaffst«, wird mir seit Jahr und Tag gesagt.

Zu Mittag gibt's Reis mit Scheiß.

Das zweite dreijährige Mädchen sagt: »Ich tu noch Nasebohren, dann komm ich!«

Am 18. Februar bekommt eine Dreijährige einen Wutanfall und schmeißt einen geöffneten, vollen Joghurtbecher quer durch die Küche an die Wand.

»Ich bin beeindruckt, wie du das schaffst, also ich könnt das nicht.«

Der Elfjährige sagt: »Ich habe die Zeit verloren.« Im ersten Lockdown hatte er Lernpakete, nun hat er Lernplattformen. Ich putze Joghurt von der Wand. Es ist eine Beleidigung, für so etwas bewundert zu werden. In meiner Geburtsstadt Graz hat es ein Mann namens Otto Wanz in den 1980er – Jahren zu einer gewissen Berühmtheit gebracht, da er Telefonbücher zerreißen konnte. Das nenn ich eine Leistung!

Am Samstag wird mir vom Umrühren der Suppe schwindlig.

Am Sonntag glaube ich, wahnsinnig zu werden (ich sehe wieder Geister).

Am Anfang des kommenden Monats habe ich eine konkrete Vorstellung davon, welche Art von Verrückter ich sein werde.

Am 22.Februar um sieben Uhr sagt der Mann, der auch in dem Bett liegt, das wir jede Nacht mit einer Dreijährigen teilen:»Der Planet geht unter«, und redet über das Universum, es fällt die Bezeichnung aschfahler Schleier, damit kann ich etwas anfangen. Er spricht viel vom Universum, es scheint eine riesige Materie zu sein, ein sehr weites Feld, auf dem es allerhand zu entdecken gibt, aber ich interessiere mich eigentlich nicht im Geringsten für das Universum. Noch weniger interessiere ich mich für den Feminismus. Vor allem nicht für den, der zu Stress, Erschöpfung, Haareraufen führt. Man muss ja auch was zum Lachen haben.

Eventuell bin ich nicht dafür zugeschnitten, Karriere zu machen.

Am 24.Februar besuche ich mit den zwei Dreijährigen einen Kindergeburtstag. Die Jubilarin trägt eine aufblasbare Einhorn-Tiara auf dem Kopf. Ihr Bruder hat ein VR-Gestell vor den Augen und ist eine Maus. »Was ist das Ziel«, frage ich. »Ich muss die Schlüssel zu allen Türen von allen Welten finden.«

Der Vater sagt mir, Trittico sei Kindergeburtstag – »also Trittico nimmst nur für den Schlaf«.

Ein paar Tage später sagt mir ein Autorenkollege
– er hat ein abgeschlossenes Medizinstudium –
Trittico sei eine Revolution gewesen –»weil man
davon nicht abhängig wird«– er nimmt's seit
20 Jahren.

Der Bub mit dem VR-Gestell vor den Augen fällt
über den Couchtisch. Es gibt Hot Dogs für die
Kinder und Fischsuppe für die Erwachsenen. Ein
dreijähriges Mädchen schreit:»Ich will Knödel!«

Ihm habe einmal ein Arzt Valium verschrieben, sagt
mir ein anderer Vater in der Küche –»war aber
too much«.

Auch am 28. Februar fahren wir Vollgas im Leer-
lauf. Die Babysitterin schreibt, sie sei auf einem
Hippiestrand hängen geblieben. Sie whatsappt eine
Sonne. Mir geht die Zeit verloren.

Am 2. März speibt meine Therapeutin während der
Sitzung, laut und ausgiebig –»Sie können sicherlich darüber schreiben«.

Am 4. März gibt es ein Gurkenkrokodil, denn der
Elfjährige wird zwölf.

Am 5. März klopft unser Nachbar an der Tür und
bittet uns freundlich, nicht so laut zu sein, er
habe Homeoffice. Er könne nicht mehr und es helfen
ihm auch keine Ohrenstöpsel, es tue ihm leid,
die Wände seien so dünn und seine Haut auch
–»du liebst deine Kinder sicherlich, aber«– seit zwei
Jahren sei er jetzt im Homeoffice.

Ich bewundere ihn, ich könnt das nicht, für andere arbeiten, ein ganzes Leben lang bis zur Pension. Ich weiß gar nicht, wie das jemand schafft.

Wir sind alle nicht krank. Aber falsch.

Am 7. März bin ich auf der Straße und gehe an einem do-it-yourself Töpferladen – Töpferlounge nennt er sich – vorbei, der während der Pandemie expandiert hat und nun auch einen zweiten Laden für Fortgeschrittene – die Academy – betreibt. Auf dem Schild am Laden steht: »This is our happy place«. Der Satz wird in meinem Kopf zuerst Pingpong, dann Squash spielen. Bis zur totalen Raserei.

Die Choreographin Christine Gaigg hat in einem ihrer Sexstücke einmal den Satz gesagt: »Ich möchte mich ins Nirwana vögeln«.

Wann hören die Notwendigkeiten auf und beginnt das Begehren wieder?

Am 9. März gibt es Knackwurst mit Spinat und Kartoffeln. Wurst mit Prioritäten.

Barbi Marković

geboren 1980 in Belgrad, studierte Germanistik, lebt seit 2006 in Wien, 2011/2012 als Stadtschreiberin in Graz. 2009 machte Marković mit dem Thomas Bernhard Remix Roman *Ausgehen* Furore. 2016 erschien der Roman *Superheldinnen*, für den sie den Literaturpreis Alpha, den Förderpreis des Adelbert von Chamisso Preises sowie 2019 den Priessnitz Preis erhielt. 2017 las Barbi Marković beim Bachmann Preis, 2018 wurde *Superheldinnen* im Volkstheater Wien aufgeführt. Zahlreiche Kurzgeschichten, Theaterstücke und Hörspiele. Zuletzt im Residenz Verlag erschienen: *Die verschissene Zeit* (2021).

KÜCHE, BAD UND TOILETTE

Wir wollten getrennte Leben führen, aber wir lebten alle in einer Wohnung.

Wir waren zu acht und sehnten uns nach einer Veränderung, denn die Toilette war andauernd besetzt. In Wohnverhältnissen wie den unseren gab es nur zwei Möglichkeiten, wie sich etwas verändern konnte, und wir wussten sehr wohl, welche diese waren: Umzug oder Tod. Jedes Mal, wenn jemand von den Bewohnern auszog oder verstarb, entstand mehr Raum für die Hinterbliebenen. Einer nach dem anderen verloren meine Mitbewohner die Geduld und zogen von dannen. Am Ende dieses Prozesses blieben nur noch Mutter, Großmutter und ich in der Wohnung zurück. Wir drei, die immer noch getrennte Leben führen wollten, aber nicht konnten, weil wir zusammenwohnten.

Es war eine Periode des kurzen Aufschwungs, des endgültigen Niedergangs und einer Wiedergeburt, im Zuge derer Mutter einen Freund namens Zvonko hatte und wieder verlor, Großmutter ihre Freundschaft mit Karmela intensivierte und dann abbrach, und ich die Ehre hatte, kurze Zeit mit Vuk zusammen und gleich anschließend von ihm getrennt zu sein.

Ich sperrte die Türe auf, schaffte es aber gar nicht, die Türklinke hinunterzudrücken, weil Großmutter, die den ganzen Tag vor dem Eingang Wache geschoben hatte, plötzlich die Tür aufriss und ihren riesigen Körper so platzierte, dass ich nicht anders hereinkommen konnte, als dabei ihren beeindruckend riesigen Busen und Hintern zu streifen und den Geruch ihres abgestandenen Kleides und ihrer hautfarbenen Nylonstrümpfe einzuatmen. Ich wusste, dass sie langsam ging, dass ihre Hüfte weh tat und dass sie nicht einmal sehen wird, wie ich vom Gang in ihr Zimmer gehe, um mir einige erotische Romane und andere Zeitschriften zu nehmen, die sie unter ihrem Polster versteckt hielt. Ich brachte die Zeitschriften und Romane in mein Zimmer und blätterte sie dort nach dem Mittagessen durch. In den erotischen Wochenendromanen übersprang ich alles, außer den Szenen, die mit einem warmen Atem begannen und mit einem Umschließen des Frauenkörpers mit den heißen Oberschenkeln des Mannes aufhörten. Das war ein alter Zeitvertreib, und nichts konnte mich mehr so erstaunen oder fesseln wie einst Kunderas Beschreibung ihrer Brüste »wie Pflaumen« und, ein wenig später, als Querelle begriff, dass er ein »Arschgefickter« wurde.

Die Wände waren dünn wie eine Sperrholzplatte und ließen Informationen durch. Als wir endlich beschlossen, eine neue Klomuschel zu kaufen, ging etwas schief. Die neue Muschel wurde zu niedrig installiert, ihre Anatomie war alles andere als funktional, und daher war es nicht leicht, die Spuren der Toilettenaktivitäten zu beseitigen. Das Toilettenproblem hatte in der aufkommenden Periode des endgültigen Niedergangs katastrophale Auswirkungen auf die Lebensbedingungen unserer Familie. Nachdem einige Generationen in unserer Wohnung bereits groß geworden waren, mussten wir auch die Badewanne austauschen lassen, aber im Kampf gegen die Handwerker zogen wir als Familiengemeinschaft abermals den Kürzeren. Anstelle der Badewanne aus Email in der Mitte des Badezimmers pflanzte sich nun eine Duschkabine aus Plastik vor uns auf, in der man unmöglich duschen konnte, ohne eine gröbere Überschwemmung anzurichten, die wir anschließend mit Handtüchern bekämpfen mussten. Die Küche war klebrig und zeitweise von braunen Käfern bewohnt. Einer von den größeren braunen Käfern war Zvonko, Mutters Freund, der unter dem Vorwand, die Wände streichen zu wollen, in unsere Wohnung zog und in meinem Jogginganzug aus Mutters Zimmer herauskam. Ich fand das widerlich und rollte die Augen. Zvonko war schleimig und biederte sich an, aber für Intrigen besaß er nicht genug Grips, und so zog sein kurzer Aufenthalt bei uns keine schwerwiegenden Folgen nach sich. In der Küche lasen Großmutter und Karmela in der Zeitschrift »Bazar« über eine Vergewaltigung, so wie sie es schon in den letzten zwanzig Jahren getan hatten, aber diesmal war Großmutter nervös, konnte sich kaum konzentrieren, befahl Karmela aufzuhören, nahm ihr die Kaffeetasse weg und humpelte in ihr Zimmer. Vielleicht hatte sie beschlossen, ihre letzte Freundin hinauszuekeln. Vielleicht war sie krank. Karmela roch den Tod und kam nicht mehr zu uns.

Endlich im Park spazierenzugehen mit Vuk, der riesengroß war und mich wie eine kleine Fliege paralysierte, bedeutete die fantastische Erfüllung eines lang gehegten Wunsches. Angesichts der Tatsache, dass mein Haar vom unprofessionellen Färben verbrannt und mein Gesicht problematisch war, weiß ich gar nicht, womit ich ihn verführt hatte. Bei ihm zu Hause küssten wir uns lange, und nachdem uns das nirgends hinführte, schliefen wir ein. Auf die Frage, warum er mir die Unterhose ausgezogen hatte und versuchte, mich mit seinen heißen Oberschenkeln zu umschließen, erst *nachdem* ich eingeschlafen war, folgte statt einer Antwort das Lächeln eines kleinen Dämons. Als ich am nächsten Morgen in seiner Toilette duschte, auf den nackten Fliesen neben der Klomuschel, lediglich von einem gewöhnlichen Vorhang von der restlichen Wohnung abgetrennt, zuckte ich nicht mit der Wimper, denn ich war selbst die unmöglichsten Lebensbedingungen gewohnt.

In der nächsten Nacht bastelte Vuk in meiner Wohnung eine Winamp-Playlist am kürzlich erstandenen Computer, die er so lange abspielen würde, wie es notwendig war. Er maß mich und war mit meinen langen, schlanken Beinen zufrieden. Mit einem Stolz, als hätte ich etwas Gutes gekocht, warf ich selbst einen Blick auf meine Reiherbeine, die sich vom Boden bis in meine weiße Unterhose mit Mickey Mouse hinaufwanden.

Die ausgeleierte Couch, auf der die Szene sich abspielte, war mein neues Bett. Mit einer Bewegung seiner Arme und Beine nahm er mich gefangen, ich versuchte, seinem aufgesetzt bösen und finsteren Blick auszuweichen, der mich erregen sollte, und der mich in der Tat erregte, aber in erster Linie ängstigte. Obwohl wir uns großartig küssten, war etwas nicht in Ordnung, denn er warf mich unaufhörlich von einer Seite auf die andere und quälte mich geradezu, so lange, bis mir schwindlig wurde. Danach vergötterte ich ihn still, weil ich sein Profil mochte, während er schnarchte, bis wir in der Früh auf der ungemütlichen Couch von meiner Großmutter geweckt wurden, die versuchte, die abgesperrte Tür aufzubrechen. Wenn deine Großmutter versucht, mit Gewalt in dein Zimmer einzudringen, in dem du nackt neben jemandem liegst, der doch so etwas wie ein Sexualpartner ist, kann das anfängliche Unbehagen leicht in einen Triumph über die Vorkriegsmoral übergehen. Sie schrie: »Lass mich rein!« und warf sich mit ihrem ganzen Gewicht gegen die Tür. Mit einem überlegenen Lächeln sperrte ich die Tür auf und ließ sie einen Blick ins Zimmer werfen. »Und, was machst du jetzt?« Großmutter entfernte sich gekränkt und murmelte das Wort »Mann«. Anschließend kehrte sie mit dem Frühstück auf einem roten Plastiktablett zurück. Kaltes, fettes Hühnerfleisch und Paprika auf einem Stück Brot.

Im Laufe der nächsten Wochen kam es zu Trennungen. Angeblich hatte Großmutter in meiner Abwesenheit Mutters Freund Zvonko verjagt. Zvonko, der nicht mehr zu uns kam, schickte mir oft über Mutter eine fette Pizza aus dem Restaurant, in dem er Keyboard spielte. Großmutter bunkerte sich nur noch im Bett ein und aß fast nichts mehr. Ich ging zur Kosmetikerin, um die oberste Schicht meiner Gesichtshaut abzusengen. Nach einem solchen Eingriff sieht die Patientin drei Tage lang wie eine vertrocknete alte Frau aus, bis das tote Gewebe abfällt. Vuk besuchte mich und sagte nach einer Weile:

»Ich war verliebt. Ich spürte sogar eine gewisse Sehnsucht. Aber dann wurdest du fordernd. Es ist deine Schuld.«

Mit diesen Worten machte Vuk kurzen Prozess und beendete unser Liebesverhältnis, just in dem Augenblick, als ich kurzfristig wie eine faltige alte Frau aussah.

»Wie haben Sie sich in dieser Situation gefühlt?«

Vuk und sein Hund sahen ein Mädchen auf der Wiese. Vuk hob ihren Rock hoch. Er fickte sie. Dann zog er sich angewidert an und befahl dem Hund, das Mädchen mit einem Biss zu töten. Bevor der Hund seine Zähne in die rötlichen Adern seines noch qualvoll atmenden Opfers versenkte, beschloss er, es ebenfalls zu ficken. Wieder floss Blut, die Mädchenbeine hinunter und auf die Wiese. Die Schluchzer vermischten sich mit dem Jaulen des Tieres. Das Mädchen hielt ihr goldenes Kreuz in die Höhe, damit der Hund sie verschonen möge, aber der Hund kannte seinen Herren und wusste, dass aus dessen Ärmel flink ein Messer herausfliegen würde und sein Herr ihm wegen des Ungehorsams ohne Vorwarnung die Gedärme ausreißen würde. Vuk verscheuchte den Hund, nahm sein Messer aus der Tasche, kam ruhig auf das Mädchen zu und spielte mit der Messerspitze auf ihrem Arsch herum. Aus dem solcherart vergrößerten Loch zog er ein Organ nach dem anderen heraus. Gedärme, Lungen, Leber und schließlich auch das Herz wurden von ihrem Fundament abgerissen und gelangten durch die schaurige Öffnung ans Tageslicht. Vuk bemerkte, dass das Mädchen schon lange tot war, wie eine ausgenommene Gans.

Ich, mit der verbrannten Oberschicht der Gesichtshaut, machte nicht einmal den Versuch zu diskutieren. Ich brachte ihn zur Tür und beschloss, darauf zu warten, dass mein Charakter stärker würde. Und ich schöner.

Großmutter, Mutter und ich, eine der anderen bis zur Schulter, nunmehr alleine in der Wohnung, nachdem Karmela, Zvonko und Vuk diese verlassen hatten, machten eine große Krise durch. Unter den gegebenen Umständen kamen uns die emotionalen und psychischen Probleme bei den Ohren heraus, und keine von uns konnte sich ihres nackten Überlebens sicher sein. Großmutter, die an sich eine korpulente Frau war, verlor von Tag zu Tag an Gewicht und ging mit immer mehr Mühe zur Toilette. Es stellte sich heraus, dass eine Frau, die zwanzig Jahre lang hundert Kilo gewogen hatte, keine Woche brauchte, um einzugehen und sich in ein dünnes Gespenst ohne Verstand zu verwandeln, dem allerdings sein Gift nicht abhanden gekommen war. Zvonko verschwand allmählich aus Mutters Leben, ohne auch nur eine einzige Wand zu streichen. Die Pizzas aus dem Restaurant, in dem er Keyboard spielte, kamen nicht mehr. Ich ging kaum mehr aus dem Haus und las Lautréamont und Proust, woraus man schlussfolgern konnte, dass ich a) Literatur liebe oder b) eine Depression habe. Jede halbe Stunde schleppten wir Großmutter zur Toilette. Sie zog eine feine Linie von süßlich riechendem Durchfall nach sich. Sie stützte sich mit ihren durchscheinenden bläulichen Händen auf meinen Arm. Federleicht, und doch mit den Augen eines Monsters. Ihr Haar war verfilzt. Im Widerspruch zu meinen geheimen Hoffnungen und detailreichen Tagträumen rief Vuk nicht an. In der Wohnung und im Gänsemarsch zur Toilette blieben nur noch Großmutter, Mutter und ich, alle drei in ihrem persönlichen Horror gefangen, aber nur eine lag im Sterben.

Wenn die ganze Stadt zu einem Konzert geht, weiß jedes traurige Mädchen, dass es seinem Henker begegnen wird. Die Stiefel, die eine Freundin bei mir vergessen hatte, waren mir zu klein, aber sie waren tief und schmal und hatten hohe Absätze. Monate später tat mir noch die große Zehe weh, der Nagel lief zuerst blau, dann schwarz an. Ich stand unter riesigem Druck zu glänzen.

Am gleichen Tag eilte endlich eine ganze Truppe, bestehend aus Nachbarn und Familienmitgliedern, meiner Mutter im Kampf gegen die vertrocknete und verfilzte Großmutter zu Hilfe, die trotz der feinen, süßlichen Linie aus Durchfall, die ihr inzwischen überallhin folgte, das Baden verweigerte. Fieberhaft durchstöberte ich meinen Schrank nach glamourösen Klamotten, von denen ich wusste, dass ich sie nicht besaß. Die Nachbarn und die Verwandten saßen noch da und tranken Kaffee, als ich den Entschluss fasste, in der Aufmachung einer japanischen Lolita zum Konzert zu erscheinen, mit einer Kombination von schwarzem und rosa Pepita-Stoff. Bald standen die Verwandten nacheinander auf und gingen in Großmutters Zimmer. Ich saß auf dem Boden und enthaarte mir die Beine mit einem lauten Apparat, das Geschrei der Großmutter drang dennoch bis zu mir durch. Später stellte ich mir oft die Frage, was wäre gewesen, wenn Vuk gewusst hätte, dass ich an diesem Tag den schwarzen Pepita-Rock mit dem rosa T-Shirt kombinierte und mich wie ein Anime-Mädchen schminkte, während ich hörte, wie die Verwandten und die Nachbarn meiner sterbenden Großmutter die Haare abschnitten und sie wuschen, wobei sie schrie, und sie zu ihr sagten: »Sieh mal, Großmutter hat so junge Beine, sie ist so alt, aber ihre Beine sind noch jung!«, und dass ich exakt in dem Moment das Badezimmer betrat, als Großmutter schrie: »Lasst mich los, ich bin die Herrscherin der Familie!«, und dass ich in diesem Moment dachte »Ach du Scheiße!«, und über Großmutters knotige, bläuliche Beine hüpfte, um aus dem Bad herauszukommen und mich für das Konzert herzurichten, bei dem ich ausgerechnet ihm gefallen musste.

Es war logisch, dass ein Tag, der mit solchen Vorbereitungen begonnen hatte, mit einem kleinen und einem großen Tod endete, aber während ich auf dem Heimweg darauf wartete, dass Vuk sich im Gebüsch vor meinem Wohnhaus erleichterte, dachte ich nicht über den Tod nach, sondern sah uns wieder mit dem Bus fahren, nächtliche Winamp-Listen zusammenstellen und Filme über Schriftsteller anschauen (mit Uma Thurman in einer Nebenrolle). In der Nacht, in der Großmutter gebadet wurde, in der ich alles durcheinandertrank, mich mit Tabakrauch vollsog und es irgendwie schaffte, Vuk zu mir nach Hause zu schleppen, schlichen wir leise durch den Gang in mein Zimmer, mit je einem Glas Wasser. Die einigermaßen schnulzige Melodie stellten wir auf *repeat* ein, um die Geräusche zu kaschieren, die wir mit den Verwandten, die hinter den dünnen Wänden schliefen, nicht teilen wollten. Die Verwandten, die nach dem Baden der Großmutter über Nacht geblieben waren, schnarchten und husteten. Jedes Mal, wenn wir uns bewegten, quietschte meine Couch, sodass ich schließlich die Bettdecke auf den Boden ausbreitete und wir uns drauflegten. Aus der Ameisenperspektive erschien mir das Zimmer im Dunkeln feierlich. Das Lied spielte zum fünften Mal.

»Soll ich aufhören?« fragte ich, unsicher, wie ich seinen Gesichtsausdruck deuten sollte.
»Bitte nicht!«

So wurde mir klar, dass diesmal wenigstens er zum Höhepunkt kommen würde, und als das wirklich passierte, beging ich meinen inneren Triumph unter inneren Scheinwerfern mit einer inneren weißen Federboa und innerem Champagner. Es folgte eine kurze Harmonie, während der Wasser getrunken wurde. Dann ging Vuk zur Toilette. Aber in der Toilette brannte Licht.

» Jemand ist drin.«
»Großmutter.«

Ich versuchte, die Tür zu öffnen, aber Großmutters sehnige, graue Hand kam zum Vorschein, und schlug die Tür wieder zu. Vuk hatte nicht die Absicht zu warten, er sagte, dass er auch vor dem Haus pinkeln könne. Ich gab ihm den Schlüssel, damit er beim Hereinkommen nicht läuten müsse, und das ist alles.

Ich wachte durch das Läuten an der Tür auf, und während ich, lediglich gewappnet mit dem Gefühl des Seins wie ein Tier, wie ein primitiver Höhlenmensch, versuchte, herauszufinden, wo ich mich befand und wer ich überhaupt war, holte mich die Erinnerung wieder ein – aber noch nicht an den Ort und die Situation, in der ich mich befand, sondern an andere Zeiten und Orte, an denen ich mich befinden könnte – und zog mich aus dem Nichts heraus. Im Laufe einer Sekunde reiste ich durch Jahrhunderte der Zivilisation, bis die verschwommenen Bilder eines Schrankes und irgendwelche zerrissenen Hausschuhe zu meinem Ich mit meinen originalen Zügen verschmolzen, und dieses Ich sein eigenes Zimmer und die Mutter darin erkannte, die sich soeben bückte, um mir etwas zu sagen:

»Geh und schau dir die Großmutter an.«

Ich tastete nach Vuk, und er war nicht da. Mein Kopf platzte, in meinen Ohren sauste es, mein Mund war trocken, und meine Augen brannten. Genervt ging ich zu Großmutters Zimmer, um »Großmutter anzuschauen«. Ich torkelte durch den schmalen Gang, stieß gegen die Wände, bis ich zu ihrem Zimmer kam, dessen Tür sperrangelweit offen stand. Auch die Fenster waren sperrangelweit offen, und so stand ich im Luftzug, und während mein Kopf allmählich klarer wurde, sah ich vor mir die saubere und gekämmte Großmutter mitten auf dem Bett liegen, aber in einem falschen Winkel, im Vergleich zu ihrem üblichen Schlafwinkel. Sie war tot, schön angezogen und sah menschlich aus. Aus der Küche waren die Stimmen der Nachbarinnen zu hören. Sie kochten längst auf und klapperten mit dem Geschirr. Ich ging in die Küche, um zu sehen, was es zu essen gab, mit einer von den Frauen Kaffee zu trinken, und bald zog ich aus der Wohnung aus.

Aus dem Serbischen von Mascha Dabić.

EAGLE HILLS VERTIGO

Preston-Fleck vom neunundzwanzigsten Stock liegt noch in ihrem frisch gemachten Bett. Seit dreieinhalb Jahren wohnt sie weit oben in den Eagle Hills. Sie ist in Belgrad aufgewachsen, in einer Arbeitersiedlung namens Labudovo brdo. Sie hatte ein heiteres Wesen, etwas Berufsglück und doppeltes Heiratsglück, zuerst mit Fleck, dann mit Preston. Sie konnte besser leben. Sie konnte hinauf, aber sie wusste nicht, wohin. Zufällig wuchs zur gleichen Zeit der neue Turm aus der niedergewalzten Armensiedlung vom Fluss hinauf und zum Himmel empor.

Symbole der Macht kündigen Fortschritt an.
Eagle Hills.

Sie geht zum Tischlein, öffnet den Brief und sieht sich das leere Blatt an. Sie atmet die Leere ein, die Ruhe gehört zum Stil. Eine weiße Kaffeetasse hält sie in der linken Hand. Buchstaben sind Schmutz auf Papier. Weniger ist mehr.

Bezaubernd hohe Fenster. Eagle Hills.

Etwas Banales passiert: Sie schüttet Kaffee aus. Dann will sie eine Küchenrolle aus dem Putzraum am Gang nehmen und findet in der Ecke eine Walnuss. In den Eagle Hills feiert man keine religiösen Feiertage, zumindest nicht in Gruppen. Die Nachbarn sind unsichtbar und pflegen keine lokalen Beziehungen. Nur das Servicepersonal wirft zu Weihnachten heimlich ein paar Nüsse in versteckte Ecken des Wohnkomplexes.

Strenge und Effizienz. Eagle Hills.

Der Kaffeefleck wird schnell weggewischt. Swiff.

Überraschende Formen, das muss man gestehen.
Eagle Hills.

Selten gehen die Einwohner der Siedlung in die abgefuckte Stadt. Zumindest sieht es auf den ersten Blick so aus, als würden sie dort nichts zu suchen haben, weil sie in der Siedlung über bessere Aufenthaltsräume und Einkaufszentren verfügen. Aber Preston-Fleck sah manche dann doch auf Partys, wo sie sich an die anderen Körper schmiegten und heimlich an den Menschen rochen. In den Eagle Hills hat sonst jeder seinen Raum. Um jeden breitet sich eine 5 Zentimeter breite Leuchtaura aus, und es kommt so gut wie nie zum Kontakt. Preston-Fleck umarmt sich selbst, so tief wie sie kann, in ihrem flauschigen weißen Pullover. Sie interessiert sich nicht für Politik, sie hasst niemanden, sie liebt vor sich hin und hat Sehnsucht nach unbestimmten Dingen. Hat sie jemals gedacht, dass sie so weit oben in Belgrad leben wird? Nein, aber sie findet es gut.

Einfach reinzoomen, wenn Ihnen etwas gefällt.
Eagle Hills.

Wenn das 2-jährige Kind des Hausmeisters von Eagle Hills hustet, kriegt es sofort ein billiges Antibiotikum und wird für immer geschwächt, die Entwicklung seines Immunsystems ganz zu Beginn verhindert. Das ist der Unterschied zwischen einer Käufer-Familie und der Hausmeisterfamilie. Die Käufer-Familie nimmt lange Globuli, bevor sie zu Antibiotika greift. Weniger ist mehr.

Der Rest der Stadt ist zu niedrig, um reflektiert zu werden.
Eagle Hills.

Keines der erfolgreichen, blonden Kinder, die mit ihren Golden Retrievers auf der perfekt geschorenen hellgrünen Wiese hin und her laufen (und dabei hysterisch lachen) hat jemals etwas anderes als gepressten Bio-Orangensaft getrunken. Die Mütter aus den höheren Etagen können unten auf der Spielweise nur gelbe Punkte sehen, aber GPS zeigt ihnen relativgenau an, welchen Punkt sie meinen, wenn sie mein Sohn sagen.

FITNESS ÜBERALL. EAGLE HILLS.

Preston-Fleck muss lachen, weil sie eigentlich in einem Stock wohnt, der nur für Ausländer reserviert war. Die internationalen, freien Ausländer, die Reichen oder die Außerirdischen aus den Emiraten. Manche sind nie in ihre Wohnungen eingezogen. Manche sind keine Menschen, sondern Agenturen. Preston-Fleck ist die Einzige aus ihrer Schulklasse von Labudovo brdo, die das schlichte Leben in den Eagle Hills erreicht hat, und sie ist so angenehm blondiert, dass man die Haare essen möchte, weil der Farbton an Vanillekuchen erinnert. Sie sieht viel jünger aus, als sie ist. Sie ist schöner als ihre ehemaligen Klassenkameradinnen. In den Eagle Hills ist es klar, dass sich jeder automatisch ausreichend Zeit für Depilationen, Rasuren, Massagen und Friseurinterventionen nimmt.

Liebe Grüße aus Abu Dhabi. Eagle Hills.

Vielleicht liegt es am Orangensaft, dass alle Kinder blond sind. Jetzt hat ihr Sohn jedenfalls vor dem Lehrpersonal erzählt, dass er vom kleinen dunklen Mädchen träumt, und deshalb muss er intensive Einzeltherapie machen. Preston-Fleck ist dadurch vorsichtig geworden und erzählt niemandem von ihrem eigenen Alptraum. Sie hat geträumt, dass sie einen Brief bekommt, der nicht leer ist. Plötzlich sind ihre Hände dunkel und die Haare schwarz und sie ist das Roma-Mädchen und wird an den Stadtrand gebracht.

Das moderne Leben. Eagle Hills.

Der nächste Tag. Ihr Mann, Preston, bringt von der Geschäftsreise noch zehn Platten mit nach Hause. Er gehört zu der internationalen Gemeinschaft der The-Who-Sammler. Er hat alle Erstpressungen und alle wichtigen Konzerte und seltene und seltsame Platten, er war auf Privatshows und hofft, eines Tages die Musiker selbst kaufen zu können. Er hat empfindliche Ohren und bevorzugt leise Restaurants. Die Wohnungstür schlägt zu und Preston bekommt einen Anruf von seinem Fahrer, der verzweifelt um eine Bewertung bittet. Und noch einen Anruf. Das Hotel, in dem er übernachtet hat, möchte bewertet werden. Eagle Hills schickt eine Nachricht, der Wohnkomplex braucht ebenfalls Prestons monatliches Urteil. Eine gute Bewertung ist gut auch für die Bewohner. Inzwischen ist das ein Job geworden, sagt Preston und lacht genervt. Aber er hat recht.

Mehr Luft, mehr Licht. Eagle Hills.

Jede Frau ist schön in den Eagle Hills, so viel ist klar. Jede Frau ist verheiratet. Jede Frau hat gute Zähne. Jedes Kind ist gesund, blond oder Albino. Jede Familie hat zumindest einen kompakten Golden Retriever mit 0 % Hundehaarausfall. Jede Person trinkt aus papierdünnen Tassen. Jede Frau bekommt einen leeren Brief und sieht ihn kurz an. Jedes Kind träumt vom schwarzen Mädchen. Jede Hochzeit war ein Traum. Jede Hochzeit war der glücklichste Tag im Leben der jeweiligen Braut, die wunderschön ausgesehen hat, und das Kleid wurde nie wieder verwendet. Jeder Mann ist Alpha. Jeder Mann trägt gern Anzüge. Jeder Mann ist schön und braungebrannt. Jeder Mann hat ein Boot gekauft. Jede Freundschaft ist eine schöne Erinnerung. Jede Mahlzeit ist gesund. Willkommen in Eagle Hills. Mitten in Belgrad! Jede Uhr tickt. Jeder nimmt am Wettlauf teil. Alle Hemden sind gebügelt. Alle Pläne werden umgesetzt.

POSITIVER EINFLUSS AUF DIE UMGEBUNG.
EAGLE HILLS.

Die Siedlung wird eines Tages plötzlich versinken. Preston-Fleck fragt sich, ob das stimmt. Die Gebäude sind so schnell aus dem Boden gewachsen und haben Belgrad um eine Ebene hinaufgehoben und die Belgrader um eine Klasse hinuntergetreten. Man wartet die ganze Zeit auf eine Reaktion, aber was soll schon passieren. Vielleicht wird es Proteste geben.

Wirklich sehr hoch. Eagle Hills.

Preston-Fleck fragt sich Folgendes noch: Stimmt es, dass inzwischen alle in die Welt aus Werbeplakaten wechseln wollen, damit sie dort mit ihren strahlend weißen Socken im grünen Gras sitzen können – mit Sekt, karierter Decke, Glück und allem? Stimmt es, dass alle Freundschaften Geschäftsbeziehungen sind – auch über die Hills hinaus, auch bei den Armen? Stimmt es, dass »jeder für sich« ist?

Unsterbliche Liebe. Eagle Hills.

Preston-Fleck fragt sich, wie sie den Tod erkennen würde. Noch etwas. Sie erinnert sich plötzlich, wie sie an einem Frühlingstag auf einer schütteren ausgetrockneten Wiese gesessen ist, von Blumen und Plastikmüll umgeben, neben ihr ein Partisanendenkmal, und wie sie, obwohl sie vor Heuschnupfen fast nicht mehr sehen konnte, in ihrem romantischen Teenage-Buch weitergelesen hat, weil es so spannend war. Dann hat sie zum Denkmal hinaufgeschaut. Auf dem Sockel stand geschrieben: »Sind wir nicht stärker als die Reichen?« Diese Erinnerung trifft sie wie eine Ohrfeige.

Leben mit Schwung. Eagle Hills.

Preston-Fleck nimmt den Schlüssel. Sie drückt den Lift-
knopf. In der Ecke liegt wieder eine Nuss. Die Nuss rollt.
Wie eine Kakerlake. Ihr Kehlkopf zieht sich zusammen.
Sind wir nicht stärker als die Reichen? Preston-Fleck weint
im Lift.

So hoch. Eagle Hills.

Preston-Fleck kauft Smoki in der Stadt und isst es auf einer
Bank. Ihre Hände sind fett vom Kindheitssnack, die weiße
Hose sicher nicht mehr sauber, Mascara fließt die Wangen
hinunter. Sie hofft, dass sie von niemandem erkannt wird.
Der gelegentliche Schwindelanfall gehört dazu in den
Eagle Hills.

Mari Lang

wurde 1980 in Eisenstadt geboren und ist langjährige ORF-Journalistin und Moderatorin. Ihre journalistische Laufbahn begann sie beim Radio-sender FM4. 2011 wechselte die studierte Kommunikationswissenschaftlerin ins Fernsehen, wo sie Formate wie *contra – der talk und Mein Leben – Die Reportage mit Mari Lang* moderierte. Derzeit ist sie in der ORF-Sport-redaktion beschäftigt. 2020 startete die zweifache Mutter in Eigenregie den Podcast *Frauenfragen*, in dem sie bekannte Männer mit Fragen konfrontiert, die normalerweise Frauen zu hören bekommen. Das unterhaltsame Format wurde zum besten feminis-tischen Podcast Österreichs gewählt und führt immer wieder die Podcast-Charts an. 2021 erschien mit *Frauenfragen: Männer antworten* ein Buch zu dem Podcast.

(K)EIN RICHTIGES MÄDCHEN

»Mein Sohn ist auch oft ein richtiges Mädchen«, schrieb unlängst jemand in einer Online-Frauengruppe. Es war nett gemeint und die Antwort auf die Frage einer besorgten Mutter, was man denn tun könne, wenn sich die 5-jährige Tochter nicht impfen lassen möchte. Auch ich hinterließ einen Kommentar, denn mit Mädchen kenne ich mich aus. Ich war selbst einmal eines, und jetzt bin ich Mutter zweier Mädchen. Die rosa-glitzernde Welt voller Pferde und Meerjungfrauen ist mir also vertraut. Und auch die Tatsache, dass das Wort Mädchen gerne als Synonym für Schwäche und Wehleidigkeit verwendet wird. Auf meinen Hinweis, dass es problematisch sei, das eigene Geschlecht als Schimpfwort zu gebrauchen, schwappte mir völliges Unverständnis entgegen. »Ist ja nur ein Wort!«, »Ihr Feministinnen seid viel zu empfindlich!«, und »Haben wir denn keine anderen Probleme?« Ja, natürlich. In weiten Teilen Afrikas leiden die Menschen unter Mangelernährung, die Klimakatastrophe schreitet unaufhörlich voran und vor unseren Toren ist neuerdings Krieg. Aber was genau hat das eine mit dem anderen zu tun? Wenn es um die Sichtbarkeit von Frauen geht, werden gerne Totschlagargumente gebraucht. Egal, ob es um die Frauen in der österreichischen Bundeshymne, das Gendern im Allgemeinen oder um die Verwendung des Wortes Mädchen als Beleidigung geht. Natürlich haben wir auch in Bezug auf das Wohlergehen von Frauen andere, augenscheinlich dringlichere Probleme: Eine Zunahme an häuslicher Gewalt, einen seit Jahrzehnten nicht zu schließenden Gender Pay Gap und eine steigende Altersarmut. Natürlich sind diese Themen auf den ersten und wahrscheinlich auch auf den zweiten Blick relevanter als die Diskussion über ein kleines Wort. Was aber, wenn das eine mit dem anderen zusammenhängt? Das eine das andere sogar bedingt?

FOLGEN BIS INS ERWACHSENENALTER: IM SCHLIMMSTEN FALL TOT

Fakt ist, dass Mädchen in unserer Gesellschaft anders behandelt werden als Jungen. Zahlreiche Studien belegen das.[1] Wenn das Kind im Babyalter ist, spielen Erwachsene mit einem Mädchen, einzig aufgrund seines Geschlechts, anders – behutsamer, sanfter und weniger grobmotorisch. Mädchen bekommen Spielzeug, das sie zu sozialem Verhalten animiert, während Buben dazu aufgefordert werden, die Welt zu entdecken und sich auszuprobieren. Väter singen mit ihren Töchtern mehr und sprechen mit ihnen offener über Gefühle[2], denn Emotionalität wird, wie allseits bekannt ist, der weiblichen Hemisphäre zugeschrieben. Was genau soll daran bitte schlecht sein?, werden einige jetzt vielleicht fragen. Über Empfindungen zu sprechen und diese ernst zu nehmen, ist doch extrem wichtig. Stimmt. Bedenklich wird es nur, wenn das Klischee des hysterischen Mädchens dazu führt, dass Schmerzen weniger ernst genommen werden und insgesamt weniger schnell reagiert wird als bei Buben.[3] Auch das wurde bereits in diversen Untersuchungen nachgewiesen und hat Folgen bis ins Erwachsenenalter. Denn auch bei Frauen werden Schmerzen anders gewertet als bei Männern. Die Konsequenzen sind dann jedoch nicht nur ein paar Tränen, sondern im schlimmsten Fall der Tod. Ok, das klingt jetzt schon sehr dramatisch, ist aber leider wahr. Denn natürlich denken nicht nur Frauen in Online-Foren, dass Mädchen und Frauen bei Schmerzen übertriebener reagieren. Auch medizinisches Personal ist vom sogenannten Gender Bias[4] beeinflusst, was dazu führt, dass Beschwerden von Frauen weniger ernst genommen werden,

1   https://rosa-hellblau-falle.de/2018/04/baby-x-experimente/
2   https://kurier.at/wissen/erziehung-gehirn-der-vaeter-reagiert-unterschiedlich-auf-soehne-und-toechter/266.981.148
3   https://orf.at/stories/3109554
4   Gender Bias oder geschlechtsbezogener Verzerrungseffekt bezeichnet eine verzerrte Wahrnehmung durch sexistische Vorurteile und Stereotype.

sie länger in der Notaufnahme warten müssen und ihnen eher psychische Probleme diagnostiziert werden als eine ernsthafte Krankheit.[5] Wenn man dann auch noch mit berücksichtigt, dass der männliche Körper seit Jahrhunderten als Norm gilt und Gendermedizin[6] erst seit wenigen Jahren auf dem Vormarsch ist, könnte einem die weibliche Hälfte der Weltbevölkerung fast ein bisschen leidtun. Herzinfarkte etwa werden bei Frauen, da diese andere Symptome zeigen als Männer und diese in der Lehre noch nicht genügend berücksichtigt werden, später erkannt und behandelt. Frauen sterben demnach häufiger an einem Herzinfarkt, obwohl sie insgesamt seltener einen haben.[7] Auch medizinische Studien, egal ob für neue Medikamente oder Impfungen, werden fast ausschließlich an Männern durchgeführt. Selbst für Tierversuche werden eher Männchen herangezogen, weil die Weibchen aufgrund des Zyklus komplizierter sind und die biologischen Ergebnisse dadurch mehr streuen.[8]

Da haben wir es also wieder: Frauen sind einfach zu kompliziert! Übrigens nicht erst, wenn sie in die Pubertät kommen und monatlich einem hormonellen Wirbelsturm ausgesetzt sind, sondern schon als kleine Mädchen. Selbst wenn sie in rosa Kleidchen gesteckt und mit Glitzerspangen geschmückt werden, um lieb und harmlos auszusehen, bleiben sie anstrengend und unbeherrscht. Das zumindest wird uns so lange eingebläut, bis wir es glauben und als Wahrheit internalisieren. Weshalb wir es auch nicht schlimm finden, jemanden als

5   https://wienerin.at/3-gründe-warum-schmerzen-bei-frauen-
     nicht-ernst-genommen-werden
6   Gendermedizin bezeichnet eine Form der Humanmedizin unter
     besonderer Beachtung der biologischen Unterschiede zwischen
     Männern und Frauen.
7   Zahlen für Deutschland: https://www.aerzteblatt.de/nachrichten/
     122798/Studie-Frauen-sterben-in-Deutschland-deutlich-
     haeufiger-an-einem-Herzinfarkt
8   https://www.deutschlandfunk.de/tierversuche-gleichberechtigung-
     im-maeusekaefig-100.html

»richtiges Mädchen« zu bezeichnen, um damit etwas Negatives auszudrücken. Auch nicht als Frauen, die es doch eigentlich besser wissen sollten. Vielleicht hat das ein bisschen was mit der »Mir hat es ja auch nicht geschadet«-Mentalität zu tun, mit der unangenehme Erfahrungen, die man als Kind gemacht hat und die man als Erwachsene*r wiederholt, gerechtfertigt und entschuldigt werden. Das Rad der Kränkungen dreht sich so aber unaufhörlich weiter. Die Chance auf Veränderung bleibt gleich null. Wir wundern uns zwar darüber, dass Frauen sich in der Berufswelt nicht genug zutrauen, sich nicht durchsetzen können und beim Angebot einer Führungsposition zögern. Dass sie ihr Gehalt nicht gut genug verhandeln, zu wenig Raum einnehmen und oft zu leise sind. Dass sie sich nach der Geburt eines Kindes vermehrt häuslichen Interessen widmen und sich immer wieder von Männern unterdrücken lassen. Aber wir wundern uns nicht, wenn Kinder als Mädchen beschimpft werden, und sehen in all dem keinen Zusammenhang.

ASSOZIATIONEN ZUM BEGRIFF MÄDCHEN, UND WARUM WIR AUCH SOLIDARISCH MIT PIPPI SEIN SOLLTEN

Gut, es muss ja nicht immer gleich ein gemeines Beschimpfen sein. Ganz normale Geschlechterklischees genügen im Grunde schon, um Menschen in eine Rolle zu drängen, aus der sie nur schwer wieder rauskommen. Ich habe in besagter Online-Frauengruppe also gefragt, welche Assoziationen und Gedanken die Frauen zum Wort Mädchen haben. Am häufigsten kamen Begriffe wie »hübsch, brav, nett, süß, zart, bescheiden und gehorsam«. Die Farbe »Rosa«, »Glitzer und Einhörner« wurden auch oft erwähnt. Ebenso wie die Eigenschaften »frech, mutig, stark, lustig, zickig« und natürlich Pippi Langstrumpf. Ja, Pippi ist cool. Darauf können sich wahrscheinlich die meisten einigen. Immerhin ziert der Spruch »Sei frech, wild und wunderbar« ihrer Erfinderin Astrid Lindgren bis heute die Wände diverser Wohnzimmer und Instagram-Profile. Aber wenn wir genauer hinschauen, ist Pippi Langstrumpf im

Grunde gar kein richtiges Mädchen. Sie ist anders und besonders. So besonders, dass es eben nur eine von ihr geben kann. Fast so wie auf einer großen Festivalbühne oder der Vorstandsetage eines börsennotierten Unternehmens. Auch da gibt es, wenn, dann, immer nur eine Frau. Was wir als Mädchen lernen, schreibt sich also in unserem Erwachsenenleben fort. Die eine Schöne, die eine Kluge, die eine Erfolgreiche etc. Das ist so normal, dass es uns gar nicht mehr irritiert. Die deutsche Komikerin Carolin Kebekus beschreibt in ihrem Buch »Es kann nur eine geben«[9] sehr treffend, wie dieser limitierte Platz für Frauen zu Konkurrenzkampf, Zickenkrieg und fehlender Solidarität führt. Doch genau Letzteres bräuchten wir so dringend. Solidarität mit Pippi, die im Grunde extrem einsam sein muss, so alleine ohne Eltern in ihrer maroden Villa Kunterbunt. Solidarität mit Annika, die der Prototyp eines richtigen Mädchens ist – brav, ängstlich und ein bisschen langweilig – und es deshalb nie zu mehr bringen wird. Und Solidarität mit allen Frauen dieser Welt, denn jede Einzelne von uns hat auf die eine oder andere Weise mit gängigen Geschlechterstereotypen zu kämpfen und damit, dass das Weibliche in unserer Gesellschaft keinen Wert hat, was meiner Meinung nach das größte Übel von allen ist.

DAS EIGENTLICHE DRAMA EINES FRAUENLEBENS. UND, MÄNNER HABEN ES AUCH NICHT LEICHT

Die Farbe Rosa und glitzernde Einhörner akzeptiere ich gerne, aber dass es keine Anerkennung bringt, seine alten Verwandten zu pflegen und es sich nicht positiv am Konto niederschlägt, wenn man sich um seine Kinder kümmert, ist das eigentliche Drama eines Frauenlebens. Der Beginn der Corona-Pandemie 2020 hat offengelegt, was im Grunde immer schon klar war: Reinigungskräfte, Kassierer*innen oder Kindergartenpädagog*innen, also Menschen in systemrelevanten Berufen, halten unseren Alltag und unser Wohlergehen am

9   Carolin Kebekus, Mariella Tripke (2021): *Es kann nur eine geben.*

Laufen. Doch in vielen dieser Berufe liegt die Entlohnung unter dem österreichischen Durchschnitt, es gibt keine anständigen Arbeitsbedingungen, und viele dieser Jobs werden, wenig überraschend, vorrangig von Frauen ausgeübt.[10] Wenig überraschend ist ebenso, dass es sich bei all diesen Berufen um Tätigkeiten handelt, die zu einem Großteil auch zu Hause von Frauen erledigt werden. Auch dort bekommen sie dafür weder Lohn noch Anerkennung. Bestrebungen das zu ändern, wären dringend notwendig, sind allerdings von Seiten der Politik kaum zu erkennen. Statt klassische Frauenberufe einfach besser zu bezahlen, hört man nur Rufe, wonach Mädchen vermehrt in MINT-Berufe gebracht werden sollen. Dadurch verstärkt sich im Grunde aber noch mehr der Eindruck, dass weiblich konnotierte Tätigkeiten und Interessen gesamtgesellschaftlich nicht viel wert sind.

Sorgearbeit ist Arbeit, die halt so nebenbei gemacht wird. Und Sorgearbeit ist Frauenarbeit, die kleine Mädchen schon beim Puppenspielen lernen. Klar, dass sie das dann später so gut können. In Österreich machen Frauen im Schnitt zwei Drittel der unbezahlten, Männer zwei Drittel der bezahlten Arbeit, was weitreichende Folgen hat.[11] Denn wer so viel gratis arbeitet, hat keine Zeit und Energie mehr, einer bezahlten Arbeit nachzugehen, und schafft gleichzeitig die Voraussetzung dafür, dass andere Menschen, also Männer, ihrer Erwerbsarbeit nachgehen können. Für Männer also eine Win-win-Situation. Denn sie müssen das Klo nicht putzen und bekommen stattdessen Applaus, weil sie das Geld nach Hause bringen. Gekoppelt daran kriegen sie außerdem noch Freiheit und Entscheidungsvielfalt. Darüber hinaus gelten Männer auch noch oft als stark, mächtig und besonnen. Trinken Whiskey, rauchen Zigarre und fahren schnelle Autos. Ja, auch für

10   https://www.moment.at/story/unsere-systemerhalterinnen-belastende-arbeitszeiten-wenig-gehalt

11   http://netzwerk-frauenberatung.at/index.php/arbeit-abc?id=132#:~:text=Bezahlte%20und%20unbezahlte%20Arbeit%20ist,den%20Großteil%20ihrer%20Arbeit%20bezahlt

Männer herrschen starre Rollenvorgaben, die bestimmt nicht immer und schon gar nicht für alle einfach zu erfüllen sind. Interessanterweise höre ich aber nur sehr wenige Bass-Stimmen laut über Möglichkeiten nachdenken, wie sie das patriarchale Korsett von Männlichkeit sprengen könnten. Wahrscheinlich wünschen sich manche insgeheim, dass wir Feministinnen, wenn wir schon dabei sind, das in unserer typisch weiblichen Selbstlosigkeit gleich für sie mitübernehmen. Das ist eine gemeine Unterstellung, ich weiß. Aber die Macht der Gewohnheit führt oft zu bizarren Ausformungen. Und dass es genügend Männer gibt, die auch im Erwachsenenalter, trotz Erfindung der Waschmaschine im Jahr 1902[12], ihre Kleidung zum Waschen zur Mama bringen oder sich von ebendieser bekochen lassen, ist halt auch eine Tatsache. Es verfestigt sich der Eindruck: Das Leben als Mann ist herrlich!

Da fällt mir ein: Mein Deutschlehrer im Gymnasium meinte einmal: »Das Wort Herr kommt von herrlich. Dame von dämlich.«[13] Weil der »Herr Fessor«[14] ein weiser, auf jeden Fall ein weißer, alter Mann war und somit automatisch befugt, die

12   Um 1902 entwickelte der Deutsche Karl Louis Krauß eine mechanische Waschmaschine mit gelochter Waschtrommel und produzierte sie in der Folge ab 1906 in Serie.

13   Der deutsche Journalist Bastian Sick klärt in seiner Kolumne »Zwiebelfisch« übrigens auf: Das Wort »dame« kommt aus dem Französischen und ist die Bezeichnung für »vornehme Frau«. Dämlich wiederum gehört zum mundartlichen Verb »dämeln«, das sich »kindisch benehmen, verwirrt sein« bedeutet. Beide Wörter haben also nichts miteinander zu tun. Das Wort »Herr« wiederum stammt ebenfalls nicht von »herrlich« ab, sondern geht zurück auf das Adjektiv »hehr«, das im Althochdeutschen zunächst »grau(haarig« bedeutet und erst später die übertragene Bedeutung »ehrwürdig« annahm.

14   »Herr Fessor« ist an österreichischen Gymnasien ein gängiger Rufname für »Herr Professor«, obwohl Lehrer*innen diesen Berufstitel gar nicht tragen.

Welt zu erklären, haben einige meiner Mitschüler*innen seine vor Sexismus triefende Aussage wahrscheinlich als Faktum angesehen. Manche haben sie als Witz erkannt und gelacht. Darunter auch viele Mädchen. Nun, über sich selbst lachen zu können, ist sicher eine gute Eigenschaft. Vor allem als Frau lernt man ja schon recht früh sich selbst nicht zu ernst zu nehmen. Dennoch ist es nicht sonderlich schlau, über frauenverachtende Sprüche zu lachen, da bestehende Geschlechterrollen dadurch legitimiert und verfestigt werden. Aber eine Spaßbremse will halt auch niemand sein. Schon gar keine Frau, die quasi per Gesetz schon als unlustiger gilt als ein Mann. Ein echtes Dilemma! Sexistische Witze funktionieren übrigens nur, weil es ein Machtgefälle gibt und sich das eine Geschlecht über das andere stellt. Welches das ist, muss ich wohl nicht extra erwähnen. Zur Sicherheit tue ich es trotzdem: Das Geschlecht, das im Alter selbst auf Eiern mehr Haare hat als auf dem Kopf! Ui, das war jetzt ein bisschen fies und Gleiches mit Gleichem zu vergelten, ist generell keine gute Lösung. Im Gegenteil: Die Folgen von geschlechterfeindlichem Humor sind erschreckend. Untersuchungen belegen, dass Menschen, die zuvor frauenfeindliche Witze gehört hatten, Aggressionen gegen Frauen danach eher tolerierten.[15] Wie wäre es mal mit einer Studie, in der untersucht wird, was es mit Mädchen und Frauen macht, wenn ihnen ständig unterstellt wird, humorbefreit zu sein? Oder dazu, dass sie gar nicht so wehleidig sind, wie immer angenommen wird. Ich meine, no offence, aber wer schon einmal einen kleinen Hokkaido-Kürbis aus seiner Vagina gepresst hat, soll mir sowieso nie mehr mit Wehleidigkeit kommen! Im Zuge einer Geburt bekommt dieses Wort nochmal eine ganz andere Bedeutung. Aber das nur so am Rande. Wer sich übrigens ausgedacht hat, dass Frauen in unserer westlichen Kultur beim Gebären liegen sollen, brauche ich an dieser Stelle wahrscheinlich auch nicht extra zu

15   https://www.derstandard.at/story/1246541303020/sexistische-witze-foerdern-gewaltmechanismen

erwähnen. Vermutlich war es König Louis XIV[16] oder ein Arzt, dem klar wurde, dass er neben der guten Arbeit der Hebammen als »Gott in Weiß« nicht viel zu melden hatte.[17]

FRAUSEIN IST ALSO NICHT WIRKLICH COOL

Warum empfinden wir Menschen, die gefühlsbetont sind und Mitgefühl für andere haben, eigentlich als schwach? Warum ist es offenbar nichts wert, sich um andere zu sorgen und zu kümmern? Und warum lassen wir es als Frauen immer noch zu, dass man uns, alleine aufgrund unseres Geschlechts, ganz viele Eigenschaften abspricht? Stärke, Selbstbewusstsein und Durchhaltevermögen. Rationalität, Besonnenheit und Klarheit. All diese Werte sind in unserer westlichen Welt und vor allem in der Berufswelt äußerst erstrebenswert. Denn sie führen zu Macht, Geld und Ansehen. Wenig überraschend werden all diese Werte mit Männlichkeit gleichgesetzt. Im Umkehrschluss bedeutet das wohl, dass eine Frau, die am öffentlichen Spiel teilnehmen will, sich am Mann orientieren und ein bisschen zu einem werden muss. Was erklärt, warum Frauen im Business mitunter als die härteren Chefs und die schlimmeren Männer gelten. Um richtig erfolgreich zu werden, müssen sie bereit sein, nach den männlichen Regeln zu agieren, männliche Verhaltensweisen zu imitieren.[18] Geh bitte, werden jetzt wieder einige sagen. Frauen müssen echt immer übertreiben! Wir haben uns doch längst von den Idealen der 1950er-Jahre gelöst und sind in einer gleichberechtigten

16   https://wienerin.at/darum-gebaren-die-meisten-frauen-im-liegen

17   Empfehlen möchte ich an dieser Stelle das Buch »Geburt ohne Gewalt« des französischen Frauenarztes Frédéric Leboyér, der damit in den 1970er Jahren eine Revolution in der Geburtshilfe auslöste und Frauen wieder zu mehr Selbstbestimmtheit während der Geburt verhalf.

18   https://www.welt.de/wirtschaft/article106131905/Frauen-sind-als-Chefs-die-schlimmeren-Maenner.html

Gesellschaft gelandet. Frauen stehen Türen und Tore von Universitäten, Fußballklubs und Aufsichtsräten offen. Sogar Kinder und Karriere können Frauen heute gleichzeitig haben. Über das wie könnte man nun auch wieder diskutieren, aber das würde den Rahmen hier definitiv sprengen.

»Girls can do anything« stand auf dem T-Shirt einer Kollegin am Weltfrauentag 2022 und »Powerwomen« leuchtet vom Laufshirt meiner Freundin, wenn wir unsere Runden im Park drehen. Ich kenne keinen Mann, der sich Motivationssprüche in Bezug auf sein Geschlecht auf seine Kleidung drucken lässt. Wozu auch? Buben können ja wirklich alles machen und Männer haben Power. Schon früh bin ich deshalb zu dem Schluss gekommen, dass Frausein irgendwie nicht so cool ist. Meine Großmutter stand den halben Tag in der engen Küche und kochte. Sie machte sich über alles Mögliche Sorgen und war immer nervös. Mein Großvater hingegen schnitt im Garten Obstbäume und summte alte Lieder. Meine Mutter arbeitete Vollzeit in einem Altenpflegeheim und bügelte bis spät in die Nacht Unterhosen und die Hemden meines Vaters. Sie hatte keinen Führerschein, weil sie »zum Autofahren nicht gescheit genug war« und von finanziellen Dingen nur wenig Ahnung hatte. Mein Vater baute ein Haus, war beruflich im Ausland unterwegs und schenkte mir Muscheln, die er am Strand gefunden hatte. In Frauenzeitschriften sah ich ausschließlich schlanke Frauen mit großen Brüsten, langen Haaren und roten Lippen. Sie beschäftigten sich viel mit Körperpflege und standen die meiste Zeit irgendwo halbnackt und in viel zu hohen Schuhen rum. Die Männer daneben schauten lässig drein und hatten etwas Abenteuerliches an sich. Vor allem hatten sie praktische Kleidung an, in die Gadgets wie ausklappbare Messer und High-Tech-Funkgeräte passten. Sie ritten auf wilden Pferden, posierten auf rauen Klippen oder saßen am Steuer eines schicken Autos. Nichts an den Frauenrollen, die mich umgaben, fand ich erstrebenswert. Nichts an den weiblichen Geschlechterklischees überzeugte mich. Mannsein hingegen fand ich extrem spannend.

Ich lese davon, dass immer mehr junge Menschen sich in ihrem Körper nicht wohlfühlen und sich als transgender oder genderfluid bezeichnen.[19] Und dass es vor allem Mädchen sind, die ein Problem mit ihrem Geschlecht haben. Ehrlich gesagt, wundert mich das nicht. Wenn Mädchensein in unserer Gesellschaft bedeutet, dass man komisch läuft[20], als Heulsuse abgestempelt wird und quasi weniger wert ist als ein Junge, ist das nicht gerade verlockend. Wenn man mitbekommt, dass typisch weibliche Interessen und Tätigkeiten nicht so wichtig sind, und man ständig hört, man hätte kein räumliches Vorstellungsvermögen und solle sich doch mehr mit Naturwissenschaften beschäftigen, kann das schon frustrieren. Und auch die Aussicht, eine Frau mit allen damit verbundenen Konsequenzen zu werden, macht nicht gerade Lust, sein eigenes Geschlecht mit Freude anzunehmen. Ich behaupte nicht, dass starre Rollenzuschreibungen die Hauptursache dafür sind, dass vor allem Mädchen keine Mädchen mehr sein wollen[21], aber man könnte diesen Gedanken in die Diskussion um Geschlechteridentitäten zumindest miteinbeziehen.

19   https://www.nzz.ch/wochenende/gesellschaft/transgender-immer-mehr-diagnosen-bei-kindern-und-jugendlichen-ld.1527318? reduced=true

20   2014 bat die Firma Procter & Gable für einen Werbespot der Damenbinden-Marke »Always« Personen wie ein Mädchen zu laufen und zu werfen. Das Ergebnis war eine klischeebehaftete und alberne Interpretation der jeweiligen Tätigkeit und bestätigt, dass die Aussage »like a girl« fürwahr kein Kompliment darstellt.

21   Ich spreche hier übrigens nicht von einer Genderdysphorie, die durch eine starke, anhaltende geschlechterübergreifende Identifikation gekennzeichnet ist und mit Angst, Depression und dem Wunsch, als ein anderes Geschlecht als das bei der Geburt zugewiesene zu leben, verbunden ist und bei vielen Betroffenen dazu führt, dass sie sich einer Geschlechtsangleichenden Operation unterziehen. Laut Diagnostic and Statistical Manual of Mental Disorders, Fünfte Ausgabe (DSM-5), erfüllt nur ein Bruchteil der Menschen, die sich als Transgender identifizieren die Kriterien für eine Geschlechtsdysphorie.

EINE NIE DAGEWESENE UNGLEICHBEHANDLUNG
UND ROLLENKLISCHEES IN MIR

Ich persönliche konnte mich lange Zeit, trotz des Gefühls kein richtiges Mädchen und keine richtige Frau zu sein, ganz gut durchs Leben manövrieren. Problematisch wurde es für mich erst, als ich mit 33 Jahren zum ersten Mal Mutter wurde. Denn plötzlich konnte ich mein Frausein nicht mehr verbergen. Am wenigsten vor mir selbst. Etwas, das ich jahrzehntelang versucht hatte zu unterdrücken und von dem ich auf keinen Fall wollte, dass es sichtbar wurde, drang mit einer unbändigen Wucht in mein Leben. Alles, was ich am weiblichen Stereotyp abgelehnt hatte, war plötzlich in mir, war plötzlich da. Ich war körperlich schwach und froh, wenn mir jemand die Tür aufhielt. Ich verspürte eine nie dagewesene Liebe und den Wunsch, mich um mein Baby zu kümmern, es zu umsorgen und zu pflegen. Die Pläne, kurz nach der Geburt wieder voll in meinen Job zurückzukehren, fühlten sich nicht mehr richtig an. Ich stürzte in eine tiefe Krise, aus der ich mich nur langsam wieder erholte. Aber, was genau war passiert? Was genau war so schlimm gewesen? Und was hat das alles mit dem Frausein zu tun? In dem Moment, als ich Mutter wurde, spürte ich gleichzeitig mit meiner Weiblichkeit – die im Übrigen etwas Großartiges ist und die wir viel mehr feiern sollten – noch etwas anderes: Eine nie dagewesene Ungleichbehandlung aufgrund meines Geschlechts und Rollenklischees in mir, die mich aus dem Hinterhalt ansprangen. Plötzlich war ich nicht mehr eine berufstätige Frau, die ein Kind bekommen hatte, sondern vorrangig Mutter. All das, was ich mir mein Leben lang mühsam erarbeitet hatte, zählte nicht mehr. Wozu auch? Kinder sind in unserer Gesellschaft nach wie vor Frauensache. Egal, ob es um Arztbesuche geht, das Waschen angekotzter Babykleidung oder um das Organisieren von Kindergeburtstagen. Mama kümmert sich wie selbstverständlich darum. Und weil das alles ganz schön viel Arbeit ist, hat Mama dann auch keine Zeit mehr, sich einem fordernden Beruf zu widmen, geht in Teilzeitarbeit und verdient weniger. Beim zweiten oder dritten Kind bleibt sie dann automatisch länger zuhause, weil man mit ihrem Gehalt einfach keine Familie ernähren kann. Dumm gelaufen bzw. willkommen in der Realität der meisten Frauen, die Mütter werden. Zum Glück hat die Politik erkannt, was es braucht, damit Frauen aufgrund von Teilzeitarbeit und dergleichen nicht so leicht in Altersarmut landen und vielleicht abseits der Mutterschaft auch noch ein Leben haben. Ein kühner Gedanke, ich weiß. Es braucht also, ganz klar, einen flächendeckenden Ausbau von Kinderbetreuungseinrichtungen! Denn Frauen sollen auch möglichst gut und schnell wieder am Arbeitsleben teilhaben können. Aber, wait a minute. Fehlt in dieser schönen Geschichte nicht irgendetwas ganz Wesentliches? Wo sind denn eigentlich die Männer geblieben? Und warum können die, wenn sie Väter werden, auch ohne Ausbau der Kinderbetreuung einfach weiter, locker flockig, Vollzeit arbeiten?

Müssten wir nicht vielmehr genau an diesem Punkt ansetzen? Ähnlich wie beim Begriff Mädchen, der als Schimpfwort verwendet wird. Solange es nicht in unserem Bewusstsein ist, dass Weiblichkeit nicht gleich Schwäche bedeutet, wird sich in der Realität nicht viel ändern. Und solange Kinder Frauensache bleiben, ändert selbst ein Kindergarten oder eine Krippe an jeder Ecke nichts an der Tatsache, dass Frauen die Hauptlast der Betreuung übernehmen. Denn erst Bewusstsein schafft Realität. Davon bin ich überzeugt. Genauso wie davon, dass wir als Gesellschaft Väter vermehrt in die Pflicht nehmen und Strukturen schaffen müssen, damit auch sie ihre Rolle bewusster und vor allem verantwortungsbewusster leben können. Warum ist Mutterschaft für Frauen im Berufsleben ein Nachteil und kostet sie auf zehn Jahre gerechnet die Hälfte ihres Einkommens?[22] Und warum werden Männer, die Väter

22 https://www.vienna.at/mutterschaft-kostet-frauen-in-oesterreich-die-haelfte-ihres-einkommens/6073076

K(Ein) richtiges Mädchen

werden, eher befördert und beklatscht, wenn sie zuhause mithelfen und sich um ihre Kinder kümmern?[23] Ich denke, dass wir in dieser Thematik nur wirklich weiterkommen, wenn wir Kinder als Frauen- UND Männersache sehen und Elternschaft generell als Bonus – als Investition in die Zukunft unserer Gesellschaft. Das Leadership-Seminar, in dem Menschen in kürzester Zeit die Skills erlernen, die Eltern tagtäglich brauchen: Umgang mit Schlafmangel, endloses Multitasking, Organisieren von Haushaltstätigkeiten und Delegieren diverser Aufgaben etc., muss mir auch mal jemand zeigen. Und der Modebegriff Resilienz[24] bekommt für Mütter oder Väter auch nochmal eine ganz neue Bedeutung.

DAS PROBLEM MIT DER RICHTIGKEIT

Um das klarzustellen: Ich bin wirklich gerne Mutter. Und ich bin gerne eine berufstätige Frau. Mittlerweile kann ich auch aus voller Überzeugung behaupten, dass ich generell ganz gerne eine Frau bin. Als richtige fühle ich mich aber noch immer nicht, auch wenn ich mittlerweile recht viele Kriterien wie lange Haare, ein Talent für Haushaltsführung und ein Faible für Schuhe erfülle. Und auf mein Aussehen und meine Mutterrolle werde ich auch noch immer nicht gerne reduziert. Da fällt mir ein: Wie ist das eigentlich mit Frauen, die keine Kinder haben? Können die überhaupt richtige Frauen sein? Die Frage nach der Richtigkeit ist, wie man sieht, nicht einfach zu beantworten. Weder als Frau noch als Mädchen, und genau dort fängt es, meiner Meinung nach, an.

Gestern habe ich meine Töchter also beim Abendessen gefragt, was ihnen zum Begriff Mädchen einfällt. Meine 8-Jährige meinte nüchtern: »Ein Mädchen ist ein weiblicher Mensch«,

Mari Lang

---

23   https://www.littleyears.de/blog/gleichberechtigt-leben-ohne-erbsenzaehlen-geht-das-ueberhaupt

24   Resilienz, auch Anpassungsfähigkeit, ist der Prozess, in dem Personen auf Probleme und Veränderungen mit Anpassung ihres Verhaltens reagieren.

und schaufelte weiter ihre Nudeln in sich hinein. Meine 5-Jährige machte zuerst Witze und verglich Mädchen mit Salatblättern und allen anderen Dingen, die auf dem Tisch gerade herumlagen. Nach längerem Nachdenken sagte sie dann:»Mädchen sind ganz vieles, Mama. Sie sind zum Beispiel gut, stark, fröhlich, wütend…« Sie ließ keinen Zweifel offen, dass Mädchen vielseitig sind und alles sein können, was sie wollen. Damit meine kleine Tochter das auch in ein paar Jahren noch genauso sagen kann, werde ich mich weiterhin lautstark dafür einsetzen, dass das Wort Mädchen nicht als Beleidigung herhalten muss. Dass jede Facette von Weiblichkeit in Zukunft aufgewertet und anerkannt wird und dass richtige Mädchen keine T-Shirts mehr brauchen, auf denen draufsteht, wer oder was sie sind. Weil sie allein mit dem Blick in den Spiegel wissen, dass sie richtige Mädchen sind, und vor allem, dass das nichts Schlechtes ist.

Claudia Seigmann

Als freie Regisseurin, Schauspielerin und künstlerische Leiterin von theaternyx* produziert sie seit über zwanzig Jahren zeitgenössisches Theater vorwiegend in Österreich und Deutschland. Sie arbeitet multidisziplinär im Schnittfeld von Theater, Performance und sozialer Praxis.
Seit 2004 ist der öffentliche Stadtraum wiederkehrend Anlass und Schauplatz für orts- & community-spezifische Stückentwicklungen. Zahlreiche Auszeichnungen u.a. Preis Creatives for Vienna 2020, STELLA Nominierung herausragende Produktion für Jugendliche 2017, Kunstuniversität Linz Forum Stipendium Preis 2015, Bühnenkunstpreis des Landes OÖ Anerkennungspreis 2009.

»EINE EINFACHE GESCHICHTE« ist die Beschäftigung mit Teilen meiner eigenen Biografie, verwoben mit Hans Christian Andersens Märchen von der »Schneekönigin« und dem Mythos Medeas, eine der wohl ambivalentesten Frauenfiguren der Weltliteratur. Dieses Solo erzählt von

EINE EINFACHE GESCHICHTE

Soloperformance von Claudia Seigmann (Auszug)

(1)

Das Haus liegt auf dem Hügel.
Du bist dort ein Kind.
Du wohnst dort.
Du flüchtest von dort.

Das Haus auf dem Hügel
ist das Haus deiner Großeltern.
Deine Mutter wohnt dort mit dir.
Ihr Bruder,
dein Onkel,
wohnt ebenfalls dort.

der Befreiung aus alten Mustern hin zu einem selbstbewussten Tochter- und Muttersein. Schicht um Schicht bewegt sich die Erzählerin durch blockierende und befreiende Geschichten und webt die Erzählung einer weiblichen Selbstermächtigung.

Dein Onkel hat eine Frau,
die du deine Tante nennst.
Sie haben zwei Kinder,
deine Cousine,
die ein bisschen älter ist als du,
und deinen Cousin,
der ein bisschen jünger ist als du.

Das ist eine Familie:
Der Onkel ist der Mann der Tante
und Cousin und Cousine sind ihre Kinder.
Du hast deine Mutter
und deine Mutter hat dich.
Das gilt zu dieser Zeit
nicht als Familie.

66   Claudia Seigmann

Keinen Vater zu haben,
das darf eigentlich nicht sein.
(....)

(2)

Deine Mutter hat genug.
Wenn sie dich nicht schützen kann,
so kann sie dich
wenigstens wegbringen;
das Haus auf dem Hügel verlassen.

Eine Türe wird geschlossen.
Aber deine Mutter sagt dir,
dass du sie irgendwann
wirst öffnen müssen.

Stückentwicklung und Performance: Claudia Seigmann
Künstlerisches Team: Markus Zett, Andreas Strauss, Anne Buffetrille,
Anna Ach und Bernhard Fleischmann

Du ziehst mit ihr in eine größere Stadt.

(...)

Deine Mutter sagt:
Wir können über alles reden.
Und du redest über alles mit ihr.
Dein Leben wird zu einem Gespräch.
Dafin bist du aufgehoben.
Und in ihren Berührungen
und Gesten,
mit denen du gemeint bist.

Aber deine Mutter
hat etwas mitgenommen
aus dem Haus am Hügel:

die Verachtung für alles,
was nicht perfekt ist.
Sie verlangt viel von sich.
Sie nimmt alle Kraft zusammen,
ist im Beruf erfolgreich
und erzieht dich alleine.

Sie verlangt viel von dir.
Ihr Anspruch
wird dein Anspruch.
Du fasst den Entschluss,
dem gerecht zu werden.
Du trainierst Ballett.
Du gehst in eine katholische Mädchenschule.
Du lernst Reiten.

Du übst Querflöte.

Der Perfektionismus
deiner Mutter wird
dein Perfektionismus.
Du ziehst ihn dir an
wie einen Panzer.
In der Schule
bist du eine der Besten.

Aber du empfindest bei Erfolgen
keine Befriedigung.
Du empfindest keinen Erfolg
und siehst an dem,
was du tust,

oft nur das,
was nicht funktioniert.

(3)

Jetzt bist du selbst Mutter.
Das bringt dir Klarheit.
Du wechselst die Stadt,
um eine weitere Ausbildung zu machen.
In dieser Zeit
lebst du für
dein Kind
und deine Arbeit.

Du spielst Medea.
Es wird dir gesagt,

als Mutter
kannst du diese Figur
nicht verstehen.
Schließlich
bringt sie ihre Kinder um.
Aber
Medea entzieht ihre Kinder,
indem sie sie tötet,
der Beschämung.
Das verstehst du sehr wohl.

Deine eigene Mutter wird krank.
Ihre Krankheit kommt in Schüben,
schränkt ihre Bewegungsfreiheit ein,
verändert ihren Charakter.

Auch in dieser Krankheit
verlangt sie alles von sich
und besteht auf ihre Selbstständigkeit

Du
begleitest deine Tochter.
Ihre Phantasie ist überbordend,
ständig zeichnet, schreibt, spielt und erzählt sie
Geschichten.
Weil sie ihren eigenen Kopf hat,
gilt sie als wildes Kind.
Viel offener als du damals
lehnt sie ab,
was ihr nicht gefällt.
Viel offener als du damals

verlangt sie,
was sie braucht.
Damit stößt sie auf Widerstand.

Wie deine Mutter mit dir,
gehst du mit deiner Tochter ins Gespräch.
Im Reden und Erzählen
erschafft ihr eure Welt.

Aber längst hat dich
dein Perfektionismus
als Geisel genommen,
ohne dass du sehen kannst,
wie hoch deine Ansprüche sind.

Weil du wissen willst,
wie du das ändern kannst,
triffst du eine Entscheidung.
Du beginnst
die Tür zu öffnen,
die du
vor langer Zeit
geschlossen hast.

Dahinter ist es dunkel.
Du kannst dich zuerst
gar nicht orientieren.
Zu groß sind
der Schmerz
und die Unsicherheit.

Dann beginnst du
in den Schatten
das Haus auf dem Hügel
zu erkennen.

Weil andere
mit dir mitfühlen,
kannst du es
in deinem Geist
wieder und wieder betreten.
Du gehst dort hin
und fühlst.
Du gehst dort hinein
mit dem Kind an der Hand,
das du damals warst,

und fühlst
sein Zittern.

Das Kind leiht dir
seine Augen
und du siehst,
wie verzweifelt
es damals war.
Dann leihst du ihm
deine Augen

und weinst.

Mit deinen Tränen
flutest du
das Haus auf dem Hügel.

(4)

Deine Tochter ist
erwachsen geworden
und zieht von zu Hause aus.
Deine Wohnung ist
jetzt leerer,
fast ein wenig zu groß,
zu weitläufig.
Du gehst
von Zimmer zu Zimmer
und fühlst dich
fremd.

Als die Krankheit deiner Mutter

schlimmer wird,
pflegst du sie.
Und die Gespräche mit ihr
führen dich noch einmal
weit zurück
in der Zeit.

Das Schweigen
im Haus auf dem Hügel,
das verstehst du jetzt,
war das Schweigen
nach dem Krieg.
Dein Großvater hat
zu viele Dinge gesehen,
als dass sich darüber sprechen ließ.

Deine Großmutter hat
zu viel Angst ausgestanden,
als dass sich darüber sprechen ließ.
Im Schweigen
sind sie beide
verschwunden.

Deine Mutter,
das verstehst du jetzt,
hatte früh die Notwendigkeit erkannt
dieses Schweigen aufzubrechen.
Ihre große Sehnsucht war,
die Familie für ein Gespräch
an einen Tisch zu bfingen.
Nachdenken

über das,
was war.
Reden
über das,
was ist.
Die Familie aber
konnte nicht.
(...)

Deine Tochter
macht Filme.
Das Schweigen
aus dem Haus auf dem Hügel
kann ihr
nichts mehr anhaben.

Sie ist
nach deiner Mutter
und dir
die dritte,
die an diesem
langen Gespräch teilnimmt;
die an diesem Tisch sitzt
und spricht.
Sie ist
eine Geschichtenerzählerin
geworden.

(5)

Du bist auf einer deiner Reisen

und wohnst in einem Haus,
das auf einem Hügel liegt
– ähnlich wie das Haus,
wo alles angefangen hat.

Stille Tage in einem südlichen Sommer.
Du bist alleine dort,
hast das ganze Haus für dich.
Du fühlst,
du denkst,
du schreibst.

Das Sonnenlicht fällt durch die Fenster.
Du stehst in einem der hellen Rechtecke,
die es am Küchenboden macht.
Es ist,

als hätte sich das Haus
ausgedehnt;
als wäre in den Räumen mehr Platz als zuvor.

Später legst du dich
im ersten Stock schlafen.
Du träumst von dem Haus,
in dem du gerade schläfst.

Im Traum weißt du,
dass jemand unten in der Küche ist.
Jemand sitzt am Küchentisch
und isst
Polenta mit Milchkaffee.
Du gehst aus dem Schlafzimmer

und nach unten.
Du näherst dich dem Eingang
zur Küche
und du weißt,
bevor du es siehst,
wer am Küchentisch sitzt:
Du sitzt dort.

Du stehst im Traum
in der Tür zur Küche
und siehst dich
am Küchentisch sitzen
und Polenta mit Milchkaffee essen.
Wie dein Großvater früher.
Jetzt bist du es selbst:

Du sitzt an diesem Tisch,
der sich verwandelt hat;
in diesem Haus,
das sich verwandelt hat
und deins geworden ist.

Eva Sangiorgi

lebt als Autorin und Intendantin in
Wien. Sie war bei verschiedenen
Festivals in Lateinamerika tätig und
gründete das internationale Filmfestival FICUNAM in Mexiko-City,
dem sie bis 2018 vorstand. Sie arbeitete
im Filmverleih, in der Produktion
und beim Fernsehen. Derzeit ist Eva
Sangiorgi künstlerische Direktorin
der Viennale, dem Vienna International
Filmfestival. Seit 2021 leitet sie die
Studienabteilung Filmkuration an der
Elías Querejeta Zine Eskola (EQZE)
in San Sebastián, Spanien.

Sabine Gebetsroither

*1977 in Wels, Studium der Deutschen Philologie und Publizistik/Film- und Kommunikationswissenschaft an der Universität Wien und an der Universität Aarhus (DK). Sie war für renommierte Filmfestivals wie FilmFestival Cottbus – Festival des osteuropäischen Films (DE) und Reykjavík Int. Film Festival (IS; BKA-Auslandsstipendium für Kulturmanager*innen) tätig, seit 2004 für Crossing Europe Filmfestival Linz in verschiedenen Positionen, u.a. Presse, Gästebüro, Organisation, Assistant Festival Director; seit Oktober 2021 Co-Festival Director des Festivals gemeinsam mit Katharina Riedler.

Daniela Banglmayr und Sandra Hochholzer haben mit den beiden Film-
festivalleiterinnen Eva Sangiorgi (Viennale) und Sabine Gebetsroither
(Crossing Europe Filmfestival Linz) einen Nachmittag im Radiostudio
verbracht.

Sangiorgi und Gebetsroither erzählen wie und warum sie im Filmbusiness
gelandet sind, welche Lieblingsfilme sie haben und welche Schau-
spielerinnen und Regisseurinnen für sie Vorbildwirkung haben. Und
beide sind sich darüber einig, dass es in ihrer Entscheidungsfrei-
heit liegt, die Anzahl von Filmen von Frauen in ihrem Programm selbst
zu bestimmen.

Eva Sangiorgi, Sabine Gebetsroither

HOW DID YOU GET INTO FILM
(THE FILM INDUSTRY)? WAS THERE
A FILM, OR AN EVENT THAT
TRIGGERED IT?

(**Eva**) It was by chance that I got started. It's more than 20 years ago already. I was still a university student and I had a one-year cultural exchange abroad. I started working in Mexico, for the first time on a professional base. I was invited by chance to work at a film festival. I worked in different departments, because I came from communication and media studies, that's where I started and I had little practical experience. But then, very quickly, I changed into the programming field. So yeah, I loved cinema, already back then, and I just turned it into a profession because I saw that there was a possibility for me of making a living from it. I studied communication, that is semiotics, in Italy; so I was starting cinema from a very theoretical perspective, but I did not really imagine to be able to work in it before having that experience; and it's been a constant work since then.

(**Sabine**) When I was in high school, there was a kind of film-club in our school and we had the possibility to go to the movies every second month or so; and there I really started to love cinema, in general. But I didn't expect to start a professional career in it either. I studied German philology, film and media science, and by some chance, I got an internship at the Austrian Film Archive in Vienna – I never expected getting into the festivals from here. So, I came back to Upper Austria and started working for an advertising agency as a copywriter. Again by accident, I found out about the launch of the *Crossing Europe* Festival. I started working there as an intern, and yeah, I sticked to festivals and I loved it. I also worked in a lot of different departments, I started in the guests office, the press department, I did some kind of festival organization for festivals in Austria and abroad and it got more and more, and I still just love working for festivals.

WHICH FILM OR FILMS HAD
AN INFLUENCE ON YOU?

(**Sabine**) That's a very tricky question. I think there are lots of films, which were very important to me. I was mentioning the film-club earlier that I was attending during high-school. I really can remember when we watched *To be or not to be* by Ernst Lubitsch. You know, I was 16 and I didn't know that you can make fun of the Holocaust or the Nazi regime. Sure, we had lots of history lessons about these topics; so it was a very mind-opening experience to see how one could also deal with such serious topics in this very artistic, incredibly great way. It's been very important for me really to watch films like that...!

(**Eva**) There were many films in different times of my life. I mean, when I was very young, I loved to watch films during the day. I really like old films, black and white Italian comedy, Neo Realist, things that I could find on TV. Because I come from a very, very small village, and I used to live in the countryside, it was a kind of solitary childhood, with no connections to the cinema. So mostly I had an education in the beginning through television; and luckily in the mornings in holiday time they would offer a repertoire of Italian cinema. And then growing up, at the university, I discovered – kind of late, I'd say – Godard, when I was about twenty. We actually had to study Godard, in a semiotic approach, and it literally changed my connection to cinema. I used to live close to Cineteca in Bologna, when I was studying at the University and it became a second home. I also had a group of people around me, who were all doing cinema. And well, Godard was really a kind of turning point: I started to discover many things. We used to have a subscription to a home video-club, it was on VHS –, I discovered all the independent American cinema like Cassavetes and so on.

Eva Sangiorgi, Sabine Gebetsroither

ARE THERE FEMALE FILMMAKERS FROM WHOM YOU WOULD INCLUDE ANY FILMS INTO YOUR PROGRAMME?

(**Eva**) I always include women filmmakers in my programme. I think that my favorite filmmakers now are all women. At the Viennale, we also started publishing monographies on authors to accompany the programme; and the first two were dedicated to women. One is on Kelly Reichardt and the other on Angela Schanelec – these are definitely some of my favorite filmmakers. And from the more contemporary filmmakers, the younger generation, I especially love Alice Rohrwacher. Or, also, Lina Wertmüller – if we are talking about the past.

(**Sabine**) Yes, it's a difficult question, because you always have to watch the film first and then you decide. I totally agree with Eva that you always have some directors who you really love, or whose career you especially follow. For me, that is for example, from the documentary field, a Czech director, Helena Třeštíková. She is, for me, a perfect example of combining the documentary genre with a more artistic approach, which is what I really like. Talking about fiction, I'm really a fan of the Swiss filmmaker Ursula Meier; and I also love Joana Hogg from Britain; so it's difficult to select filmmakers, because there are so many, whom I would like to include in the programme.

WHICH ACTRESSES AND FEMALE DIRECTORS DO YOU FIND TREND-SETTING?

(**Sabine**) If you talk about important figures in film history, and if you talk about Austrian cinema, there is Luise Fleck, she was one of the early pioneers of Austrian filmmaking. She started, I think in 1907, in silent films, she was a producer and a director. So she was really important for Austrian filmmaking in general. And then, she had to flee and leave Austria together with her husband; they tried to build up a new film production in Shanghai and then tried to come back and resettle in Austria, but they weren't so successful anymore. And if we talk about actresses, I think for me in the last 20 or 40 years, it is someone like Isabelle Huppert. She is such a perfect example for somebody who is not afraid of anything – that's my impression. She is always surprising, whether it's a comedy or a tragedy; I like her work a lot.

(**Eva**) As I mentioned Cassavetes before his main actress, Gena Rowlands, always impresses me. Then, Monica Vitti, one of my all time favorites; and Anna Magnani; I'm talking about Italians now, but there would be many more. From the contemporary ones that really make a change in the history of acting, Charlotte Rampling is somebody I would like to meet. And Chantal Ackerman, Sandrine Bonnaire, connected to Agnes Varda for sure... there are so many; and in every country and in every epoch. And then, the experimental cinema, of course. Maya Deren, for example, she is important up to today. And we have a lot of talented filmmakers in Austria too. For me, Friedl vom Gröller is still very surprising and an author of reference. And from the contemporary time, especially, Birgit Minichmayr, I like her very much, and Valerie Pachner.

(**Sabine**) I also agree with Eva, Birgit Minichmayr is extraordinary, both in film and in the theatre.

HOW DO AUSTRIAN FILM FESTIVALS COMPARE TO OTHER EUROPEAN/ INTERNATIONAL FESTIVALS? (AS REGARDS GENDER PARITY)?

(**Sabine**) I think in Austria there is a good awareness that there has to be a certain diversity. There was a great development over the past 15 years. Like when it comes to the idea: ok, maybe I should think of inviting certain people too, curating certain programmes too. I should invite women and men. When it comes to questions like, who do I invite into the juries, who is writing the texts, who is hosting the Q&As, and so on. I think, in general, it's quite ok in Austria; I no longer come across that kind of *boys clubs* or so. I am mostly around in Europe, can only talk about the situation here. Generally, I can say, the film-festivals are everywhere a rather open-minded part of the society. Sometimes you come across some kind of external restrictions, which can be quite crazy. We have a partner-festival in Serbia, in Palić. They try implementing some gender programme and so on; but then, they are relying on a certain sponsor, it's a producer of alcoholic drinks and the festival needs that money. So they have agreed to a really horrible advertising concept. This way, you have the festival, which is kind of ok, but then during the award ceremony, you'll have a group of young women in very short skirts serving these drinks on stage. Lots of guests are complaining about it; everyone knows it's not ok; but with such kind of restrictions, you just cannot change that overnight. You'll have to work on it.

(Eva) My experience, I have to say at Viennale, we have a very well-balanced team, and just a professional team. It's a gender diverse team, in fact. It's something natural almost, that in the cultural field we find a lot of women leaders these days. Personally, I really like working with women, so I always have a lot of women in my team – and men too, I mean, we don't want to exclude them from the game. In Austria, in general, I'd think there's certain transparence in the cultural field, and the film scene is quite a gender-balanced one. In Vienna, for example, there are many women in the directorship of museums and institutions. Talking about Europe, my feeling is that there's quite a good balance, and more women in certain positions in general. There's been a lot of change everywhere and a completely new generation of people involved now. Especially in the big festivals it's very obvious that there's been a lot of change, just by way of new generations coming in.

SANDRA AND I HAVE ATTENDED A FEW FILM
FESTIVALS (*e.g. Dokufest in Prizren, Sarajevo Film-
festival, Tirana International Filmfestival, International
Filmfestival Marrakesh*) AND HAVE BEEN EXPLO-
RING THE QUESTION: WHERE ARE THE FEMALE
FILMMAKERS? THERE ARE STILL NOT THAT
MANY. HAS SOMETHING CHANGED THERE? DO
YOU THINK THERE WERE MORE IN THE PAST?

(**Sabine**) It's difficult, I know the festival in Sarajevo,
I've been there, I know the festival in Prizren a little bit,
and the other festivals I don't really know well; and I don't
know their programming. But in general, firstly, the question is what kind of cinema are you going to present? What
is your idea about the programme? Which kind of genre is
your focus? Are you presenting archive-programmes or are
you presenting recent films. And of course, there is always
a person who is selecting the films; it always starts with
the selection. You can form or shape your programme to
include female filmmakers or not, it's your decision. But
sometimes, you also have to fulfill certain quotas in terms
of countries and in terms what kind of films you are presenting. Sometimes it is hard to think that you have to have
at least 40 percent of the programme. You can always try…;
but yes, there's always a person who is selecting the films
and who can decide.

WE KNOW THAT THE DIRECTORS
OF THE FESTIVAL WE VISITED
ARE ALL MEN.

(**Sabine**) Of course there is also a question of poli-
tics; like if the city council of a certain city is hiring somebody, then of course …; and for sure, festivals are related to
money and then, as you know, sometimes people are afraid
that women cannot handle the finances. So I think it's a
general problem in the overall society.

Eva Sangiorgi, Sabine Gebetsroither

(Eva) I also hardly know the programming at some of these festivals, since I have never been. I have been however in the jury at this year's Sarajevo Filmfestival. I don't know exactly about the gender balance, but I have to say, they made a competition where I think there were eleven films and only one of them was directed by a man – it was an Austrian man actually, and he won a prize. But still, all the other films were directed by women. So you see it's getting better. The director of programming in Sarajevo is a woman since decades. The reason why there were so many films by female authors is that the festival's geographic area includes the Balkans, Austria, Turkey, Georgia, Bulgaria and so on. A lot of young filmmakers are women; there is a little bit of a change. Concerning the Viennale, I can say that I always choose films for their quality; and also, I don't like to put myself under a lot of rules and restriction; but even so, I look for a balance of gender when it comes to the feature film presented at the Viennale. I have to say, in my experience, in recent years, this is happening kind of naturally; the scene itself is just more gender-balanced, and so the balanced choice has become easier.

DO YOU INCLUDE THE WORK OF
FEMALE FILMMAKERS IN
YOUR PROGRAMME? DO YOU
SPECIFICALLY SEARCH FOR THEM
OR DO YOU ALWAYS SOMEHOW
COME ACROSS THEIR WORK?

(Eva) I always do research, of course, that's normal, like for female professionals in different countries that I don't know, or when I just want explore certain themes. I will do that normally. But I also put attention when attending certain events, on how many female professionals are attending, not just the female filmmakers.

(**Sabine***)* Of course, sometimes we have this situation that there is an open slot in a programme and we'd like to have a film by a female filmmaker..., well then, we'll have to search. And you can also do that by asking your colleagues in the team or your friends in the film industry, if they happen to know somebody they recommend or suggest. Your awareness is also depending on like which festivals you are attending or, which film reviews you are reading and so on. And yes, if you want to have a certain number of women in your programme, I think you can do that.

Ljuba Arnautović

1954 in Kursk (UdSSR) geboren, lebte
in Moskau und München und ist seit
1987 in Wien sesshaft. Studium der
Sozialpädagogik, Mitarbeit beim DÖW,
Übersetzerin, Rundfunkjournalistin.
Ihr erster Roman *Im Verborgenen* war
2018 für den Österreichischen Buch-
preis/Debüt nominiert. Ihr zweiter
Roman *Junischnee* ist 2021 erschienen.

Ljuba Arnautović

KLEINE SZENE ZU BEGINN
DES 21. JAHRHUNDERTS

Mitwirkende:
Frau
Höherer Vorgesetzter
Direkter Vorgesetzter
Betriebsrat

Ein sonniger Vormittag im Frühling. Im geräumigen Zimmer des Höheren Vorgesetzten haben sich die Mitwirkenden eingefunden und nehmen auf den Ledermöbeln um einen Couchtisch herum Platz.

HÖHERER VORGESETZTER
{*geschäftig*}
Bringen wir heute das Ganze zu einem Ende.
{zur Frau}
Wie lange sollen wir uns denn noch mit Ihrem Problem befassen? Schauen Sie nur, wie dick Ihr Ordner schon ist.
{*feixend, in die Runde*}
Als hätten wir sonst nix zu tun.

BETRIEBSRAT
{*ernst*}
Kann ich bestätigen.

HÖHERER VORGESETZTER
{*vom Kampf erschöpft*}
Wir haben uns wirklich für Sie stark gemacht.
Aber einmal muss Schluss damit sein.
{*schärft die Stimme*}
Sie wissen schon, dass wir Sie nur noch im Unternehmen halten, eben *weil* wir Ihre Lebensumstände berücksichtigen?
{*hebt die Hand*}
Mit einem Fingerschnipsen hätte ich entscheiden können, dass wir keine Verwendung mehr für Sie haben.

{*väterlich*}
Wir haben uns aber entschlossen, als Arbeitgeber unsere soziale Verantwortung wahrzunehmen. Weil Sie Alleinerzieherin sind und so.
{*laut*}
Und jetzt kommen Sie mit diesen Gebärmutter-argumenten daher!
{*sanft*}
Vorschlag: Sie nehmen die Beschwerde bei der Gleich-stellungsanwaltschaft zurück, und wir überlegen uns eine Lösung.

BETRIEBSRAT
{*eifrig*}
Vielleicht umgekehrt?

HÖHERER VORGESETZTER
{*kämpft mit sich*}
Hmm. Also...
{*heroisch*}
Leicht wird es nicht werden, aber ich könnte mich dafür einsetzen...

(**Er lässt seinen Blick aus dem Fenster in die Ferne gleiten, dann holt er ihn zurück, sammelt sich, richtet sich auf.**)
{*triumphierend*}
...dass Ihre Teilzeit in eine Vollzeitanstellung als Sekretärin erweitert wird.

(**Er lehnt sich zurück und blickt zufrieden in die Runde.**)

(**Die Männer lächeln ihm mit glänzenden Augen zu, sie applaudieren innerlich.**)

BETRIEBSRAT
Klingt doch ziemlich fair.

DIREKTER VORGESETZTER
Ist das nicht großartig!?

FRAU
{*schüchtern*}
Damit wär ich einbetoniert und könnt überhaupt nicht
mehr kreativ arbeiten.
{*mutiger*}
Bisher waren alle mit meiner Leistung zufrieden.

BETRIEBSRAT
{*belehrend*}
Darum geht es nicht. Wir müssen alle im Boot halten,
jeder von uns muss Abstriche machen.

HÖHERER VORGESETZTER
{*schwer enttäuscht, aber fasst sich männlich, wird väterlich*}
Überlegen Sie in aller Ruhe. Ich gebe Ihnen ein paar
Tage Bedenkzeit...

FRAU
{*bestimmt*}
Danke, aber darüber muss ich nicht nachdenken.
Ich lehne ab.

DIREKTER VORGESETZTER
{*mit sehr rotem Kopf*}
Bist du jetzt völlig verrückt geworden? Wie kannst du so
ein großzügiges Angebot ablehnen?
{*bellt*}
In deinem Alter!
{*keucht*}
In deiner sozialen Situation!
{*Stimme überschlägt sich*}
Hast du denn überhaupt kein Verantwortungsgefühl?

Claudia Wegener

ist als »Zuhörerin mit einer Tasche«
und *radio continental drift* bekannt.
radio continental drift co-produziert er-
zählerische Radiostücke, Podcasts und
Sammelalben musikalischer Remixe
mit zahlreichen Künstlerinnen. Die
Hörstücke basieren auf einem Archiv
langjähriger Audiozusammenarbeit mit
lokalen Initiativen und Organisationen
im südlichen Afrika und der Europäi-
schen Diaspora. Originaltonaufnahmen
sind online archiviert und zum Down-
load frei. Multimediale Seiten auf Blogs
und Plattformen stellen Zusammenhänge her, vernetzen Aufzeichnungen
weiter. Hands-on Workshops und
Radioprojekte vermitteln Werkzeuge,
um als aktive Zuhörer*innen zu
einem Globalen Informationszeitalter
beizutragen. www.radiocontinentaldrift.wordpress.com

HER TONGA HISTORY
BILDER AUS EINEM LAUFENDEN
RADIODRAMA

Anfang August 2019 strahlt ORF, öffentlich-rechtlicher Sender Österreichs, nachts um 23:00 Uhr über das Programm Kunstradio eine 53-minütige Sendung aus, in der hauptsächlich ChiTonga gesprochen wird. »This is a Radio-Bridge across the Zambezi and across the world…« verwebt Tonaufnahmen der Frauen von Zubo Trust in Binga Simbabwe und Radioaufzeichnungen von Frauen beim Gemeinderadio Zongwe FM auf der sambischen Seite des Kariba Stausees mit solidarischen Musik- und Radiobeiträgen von Tonkünstler*innen aus »aller Welt«; u.a. aus Australien, Kanada, Israel, Italien, Frankreich, England, Deutschland und Österreich.[1]

Spielort des Dramas ist das Sambesi-Tal, Grenzregion von Simbabwe und Sambia. Die BaTonga leben hier seit Urzeiten, ein Volk, eine Sprache, verbunden und getrennt durch Mulonga, ihren Großen Fluss; doch seit 1958 geteilt durch den Kariba Stausee und die Nationalität.

Spielort des Radiodramas ist das »Globale Dorf«. Binga mag am Rand der derzeitigen Welt liegen, doch ist das »Globale Informationszeitalter« auch im Sambesi-Tal angekommen – obschon wir die großspurige Bezeichnung zu Recht mit dem Verschwinden eines Ortes wie Binga oder eines Volks wie den BaTonga in den »Globalen Medien« hinterfragen können.

Spielort des Radiodramas ist das Hier-und-Jetzt des Audio, der Geräusche, der Stimmen, und ihrer Erzählung in einem ganz bestimmten, hörbaren Zeit/Raum. Doch sind auch mediale Resonanzen der Stimmen und Geschichten immer

1   http://kunstradio.at/2019B/11_08_19.html ORF/ Kunstradio Sendung; die Zeitangaben im Text beziehen sich auf dieses Radiostück 2019

schon im Spiel. Das Drama beginnt »verkehrt« herum mit der »Vision« einer noch nicht ganz erreichten Zukunft, der selbstverständlichen Präsenz der Tonga Frauen in der medialen Weltöffentlichkeit. Auf kurzen Audio-Spuren sind wir zunächst für eine Aufmerksamkeitsspanne mit beiden Ohren in Binga gelandet, real-time audio; dann baut sich im Audio-Zeitraffer von sechs bis sieben Jahren ein Wirbelsturm von glo-kalen Radio- und Remixresonanzen auf, der erst nach 13' abflaut und dann zunächst die Sicht auf Audio-Szenen der Korbflechterinnen in Binga und darauf auf Szenen der Fischerinnen freigibt. Mit der Audio-Dokumentation eines Erfahrungsaustausches unter Frauen und dem Besuch von drei Abgesandten aus Sinazongwe Sambia über den See bei Zubo Trust in Binga landen wir schließlich recht lokal »auf Sendung« im kleinen Studio des Gemeinderadios Zongwe FM. Via Telefon hören wir Feedbacks aus der Community zu den Reiseberichten der Frauen über Zubos kollektiv bzw. genossenschaftlich organisierte Projekte.

Nur einige der Tonbilder des Dramas wollen wir herausgreifen, näher betrachten und etwas vom dichten Gewebe ihrer Audio-Spuren in Fließtext verwandeln: Positionen von Frauen?

Internationaler Frauentag, Binga, 2016 *(0:01–0:20)* Motor im Leerlauf. Männer lachen. Klatschen und Singen vieler Frauen. Entfernt sich. Kommt wieder näher. »Heute ist ein wunderschöner Tag«, singen sie in ChiTonga.[2]

2016 erreiche ich Binga Ende April, gerade rechtzeitig, um die erste Feier des Internationalen Frauentags im Zentrum von Binga mitzuerleben und zu dokumentieren. Als ich Überraschung über das Datum zeige, wird mir Folgendes erklärt: Internationaler Frauentag wird nach internationaler Vereinbarung am 8. März in der Hauptstadt Harare gefeiert, wonach

2.   https://archive.org/details/International_Womens_Day_
Binga2016 Archiv radio continental drift

die Feierlichkeiten sich über die Provinzen des gesamten Landes hinaus- und weiterbewegen in die Peripherien und die ländlichen Gebiete ... bis sie endlich auch hier ankommen ...

Die Kleinstadt Binga, das Verwaltungszentrum des ländlichen Bezirks, ist mir von einem mehrwöchigen Besuch in 2012 nicht unbekannt. Wo die Frauen hier sind? Die jungen Frauen, die ehrenamtlich in den Semesterferien bei meinem Gastgeber Basilwizi Trust mitarbeiten und mit denen ich Interviews mache, stammen aus Binga, doch sind sie oft in der Stadt, z.B. in Bulawayo groß geworden. Sie entdecken hier ihre Wurzeln, ihre Identität; und das Team beim Basilwizi Verein weiß das sehr gut zu vermitteln. In Binga Centre erlebe ich die Frauen zumeist tätig, auf dem Gemüsemarkt, Flohmarkt oder in kleinen Läden als Verkäuferinnen, als Polizistinnen, in der Bank, in Verwaltungsbüros, als Lehrerinnen. Auf den Asphaltstraßen sehe ich Frauen Feuerholz, Wassereimer oder 5 kg Maismehl auf dem Kopf tragen, oft noch ein Kind auf dem Rücken und wahrscheinlich mit noch einem weiten Weg bis zu ihrem Dorf oder Homestead vor sich.

Heute, an *ihrem* Tag, sind viele hundert Frauen in Binga Centre. Sie haben ganz offensichtlich nichts Besseres zu tun, als zusammen singend, lachend und tanzend über die eine asphaltierte Straße Bingas bis zum »Freedom Square« zu laufen, dort über Mikro ihre Geschichten miteinander zu teilen und gemeinsam den gesellschaftlichen Beitrag der Frauen in Binga zu feiern. Die Erfahrungsberichte und Reden betreffen zum großen Teil die wirtschaftliche Teilhabe und Selbstständigkeit von Frauen in Binga, aber auch Schutz und Schulausbildung für die Mädchen.

Generalpause *(0:20)* Unausgesprochene Fragen; Perspektivenwechsel: Was, wenn die Feierlichkeiten zum nächsten 8. März sich »umgekehrt« ausbreiten würden, in den Peripherien und Gehöften beginnen und irgendwann schließlich auch das Zentrum, die Hauptstadt erreichen ...?

Radiomoderatorin *(0:21)*: »Hallo. Sie dürfen uns bitte sagen, wer Sie sind...?!«

Generalpause *(0:24)* Die Frage habe ich mir sehr oft selbst gestellt. Who am I to speak for the Tonga people or, for the Women of the Zambezi Valley...? Auch explizit habe ich diese Frage an meine Schwestern in Simbabwe gerichtet, so vor einer Konferenz an Rosemary Cumanzala, Geschäftsführerin von Zubo Trust in Binga. »You are now one of us; you've lived with the Tonga people for a while, you will do well;« ist Rosemarys Antwort. 1989 habe ich mein Herkunftsland Deutschland und die Sesshaftigkeit verlassen. Auf dem Weg habe ich beim Schreiben im Zuhören mein Zuhause gefunden, und, ich glaube, ich könnte sagen, den »Stein der Weisen« überhaupt. Seitdem produziere ich Audio- und Radioinhalte gemeinsam mit Menschen, die noch nicht zu Wort oder zu Gehör gekommen sind; oder zumindest nicht im sogenannten »Globalen Informationszeitalter«. Seit meinem ersten Aufenthalt in Johannesburg 2005 sind es vor allem Menschen mit afrikanischen Wurzeln. Und seit mir der ewige Kampf ums 50/50 zu viel wurde, sind es meine schwarzen und braunen Schwestern, mit denen gemeinsam ich Interviews, Oral History und Radio produziere.

»Frauen dokumentieren Frauengeschichten«, dies ist 2016 der Titel eines »hands-on-audio« Oral History Projekts mit den Frauen des gemeinnützigen Vereins, Zubo Trust. »Radio« wurde hier nicht erwähnt (außer in der long-play Version der Projektbeschreibung, die eh kaum jemand liest). Radio ist Territorium nationalen Sicherheitsinteresses und ein potenziell heikles Thema (nicht nur in Simbabwe); und nicht zuletzt, wenn die Sendungen in »verkehrter« Richtung ausgestrahlt werden und von Menschen der Randgruppen und Minderheiten und von Frauen ausgehen könnten.

Her Tonga History *(0:25–1:18)*: **Audio empowerment** »Mwayusa bieni«, »hallo, guten Tag«, so beginnt Zubos Lucia Munenge ihr Interview in ChiTonga mit einigen älteren Frauen. Lucia fragt nach dem Leben der Tongafrauen im fruchtbaren Flusstal. Was haben sie dort angebaut? Wie haben sie dort gelebt? Sie fragt nach einer Vergangenheit, Kultur und Geschichte die seit 1958 der Kariba Stausee bedeckt. Unsere Vorstellungskraft malt beim genauen Zuhören ein Bild: Lucia mit dem Mikrophon in der Hand, die kleine Tochter auf dem Rücken langweilt sich hörbar, ein Truthahn und anderes Federtier nimmt Anteil am Geschehen wohl in der Nähe einer Homestead. Die Alten fahren ruhig fort mit ihrer Feldarbeit während des Interviews. Der Ort der Frauen in Binga, den wir wahrnehmen, ist die Homestead, der häusliche Hof, ihre Rolle die Haus- und Feldarbeit.

Hier verliert sich die Spur fürs Erste in globalen Interferenzen…

Doch hinter der Tonspur, der wir zuhören, steht Lucia mit dem Mikro in der Hand, eine Tongafrau wie die Alten, die mit digitaler Technik Spuren einer verschwindenden Vergangenheit und Identität festhält für eine Zukunft, die nicht bei unseren Ohren endet. Lucias 12-minütiges Interview ist nachzuhören im Tonarchive von Zubo Trust bei radio continental drift.[3] Lucia ist eine von sechs Zubo Frauen aus den Dörfern, die aktiv das Oral History Projekt mittragen.

Vor meinem inneren Ohr taucht an dieser Stelle auch ein Satz von Rosemary auf, den sie mir 2017 mit auf den Weg in die besagte Konferenz gegeben hat: »Modernity to a certain extend is fading away our identity. Maybe we need to preserve it despite the threat of modernity through proper documentation by the grassroots people themselves. Your and our project brings life to this challenge.« Das aktive Zuhören oder audio-self-empowerment der Betroffenen – wenn auch in Komplizenschaft mit der digitalen Technik – könnte, vielleicht, eine

3   https://archive.org/details/Sikalenge_Women_recordings
Lucias Aufnahmen im Zubo Archiv 2016

homöopathische Behandlung oder sogar Heilung der existenziellen Bedrohung der Tonga im modernen Fortschritt anregen. Let's bring life to this challenge:

Radio Interferenzen *(1:19)*

> »This is a Radio-Bridge across the Zambezi and across the world ...«

Ein Remix der Tonkünstlerin Niki Matita in Berlin zitiert eine Live-Sendung des Gemeinderadios Zongwe FM auf der sambischen Seite des Sees: Moderatorin Patience Kabuko fordert die Frauen auf, ihr Radio mit zur Gartenarbeit zu nehmen und die nächste Sendung nicht zu verpassen, in der andere Frauen, nämlich die Zubo Frauen in Binga, von ihren Projekten erzählen; hier könnten sie für die eigenen Geschäftsideen lernen. Bei den Projekten geht es um die oft kollektive Initiativen der Frauen, um wirtschaftliche Selbstständigkeit und Teilhabe zu erringen. Das on-air Zitat von Zongwe FM beginnt den erwähnten Wirbelsturm von Stimmen, Geschichten und Klängen, die aus internationalen Radio-Streams und Remixbeiträgen[4] in Anlehnung an die kunstvolle Korbflechtarbeit der Tongafrauen im Audio-Helix verwoben sind...

> »There's a pattern...
> and you can hear the pattern going and coming ...!«

Penny Yon, Harare, 2012 *(7:50), (8:35), (11:55)*[5] »Es gibt da ein Muster...du kannst es kommen und gehen hören...!« Penny spricht hier konkret im Interview über die einzigartige Musik der Tonga (11:40)[5] und wie sie als Musikerin sie erlebt hat;

4   https://radiocontinentaldrift.bandcamp.com/album/a-radio-bridge-across-the-zambezi Remixes 2018

5   https://archive.org/details/Voices_from_Harare_221 Interview Penny Yon 2021

6   https://archive.org/details/Lwiindi_recordings2016_Zong-weFM Tonga Musik 2016

lange hat sie mit den Tonga gelebt und gearbeitet...doch erzählt sie auch ihre eigene Geschichte als eine, immer noch so genannte »coloured« (farbige) Frau...und identifiziert sich mit den Tonga.

In »La Danza Poetica« zitiert DJ Lapkat den letzten und den ersten Track aus dem Album »Radio Remixes Voices of Binga« der indigenen Kanadischen Tonkünstlerin Crystal DJ Kwe Favel. Das Radiodrama selbst dankt seinen Titel der Ansage der Künstlerin aus Australien. In der Sendung »workplace« von NND, Radiomacherin aus London's black communities auf Resonance FM zum Internationalen Frauentag 2019 kommt Rosemary live aus Binga zu Wort. Meira Asher aus Israel verwebt in ihrer Sendung Radio Art u.a. das vielstimmige O-Ton Remix »Women of the Great River« von Barnaby Spigel UK.[7] Vom Zongwe FM Partnerradio Freies Radio Salzkammergut kommt die Sendung »Hallo Africa« des Nigerianers Macdonald Chiemezie Nwokeji mit direktem Shout-out zu den Radiokolleg*innen bei Zongwe. Ein deutsch-englischer Podcast des Yes-Afrika Frauen Forums spielt Auszüge aus einem Interview mit Zubo Trusts Abbigal Muleya 2012 in Binga und dem Austausch von Rosemary mit den Yes-Afrika Frauen 2015 in Deutschland ein.

Zitat Tonga-Hymne (5:12)

> »Der Fluss gehört den Tonga
> im Fluss gibt es Fische und Krokodile
> unsere Vorfahren weinen...«,

singen die Schulkinder 2012 im abgelegenen Dorf Damba.[8] Über Tonaufnahmen und online Vernetzung erreichen die Stimmen der Kinder und die Worte der Tonga-Hymne weiter-

---

7   https://sevenmoons.bandcamp.com/track/women-of-the-great-river-spigelsound-dub-mix-part-one

8   http://aporee.org/maps/work/?loc=29368 radio aporee Klangkarte: Tonga Hymne in Damba 2012

hin die Ohren von Zuhörer*innen in Simbabwe und weltweit. Im electronic-drum Remix der indigenen Künstlerin DJ Kwe – d.h. DJ Mädchen/indigene Frau – zieht die Geschichte der Zwangsenteignung der Tonga weitere Kreise.[9] Kurz vor meiner Abreise 2016 habe ich das Remix der Tonga-Hymne von Kwe u.a. auch zur Dorfschule nach Damba getragen. Für die Vorstellungskraft von Kindern und Lehrerin waren die Überwindung der Zeit/Raum Distanzen, die im digitalen Jetzt der Musik verschmolzen sind, wohl eine ähnliche Herausforderung wie für mich der stundenlange Fußweg durch den heißen Sand im Buschland zwischen Manjolo und Damba. Es war mir dennoch ein Anliegen, zumindest hier und diesmal im Schritttempo nachzuvollziehen, was involviert sein könnte, eine, wenn auch einzelne Lücke im digitalen Netz zu schließen. Vielleicht ist die Botschaft, die DJ Kwe in ihre Musik gelegt hat, doch irgendwann – im Zuhören und vielleicht im Mittanzen der Damba Community angekommen. In einer Kurzbio schreibt Kwe u.a.:

>»As we rebuild our family structures and heal from generations of abuse, we are reconnecting through the use of modern tools. It is my goal to repair the hearts of my community through my music and writing.«

Her Tonga History: Zwangsenteignung: »We managed to brake the barrier ...!«

Interview mit Zubo Trusts Abbigal Muleya, 2012, Binga (3:10) »Als der Fluss zum See aufgestaut wird, verlieren die Frauen ihre Arbeit und ihre Rolle. Es sind nur die Männer, die nachts in Booten (Rigs) auf den See zum Fischen gehen. Die Fischindustrie ist heute Domäne der Männer ... Daher ist es für uns

9   https://soundcloud.com/wax-warriors-record-label DJ Kwe
»Radio Remixes Voices of Binga« 2016

so ein großer Erfolg, dass Zubo es geschafft hat, diese Eingrenzung zu durchbrechen und die erste Fischereigenossenschaft von Frauen auf dem See zu etablieren ...«[10]

Weltgeschichte aus der Perspektive von Indigenen/Frauen; auf der anderen Seite: Zwangsumsiedlung im Dienst von globaler Technik und Fortschritt. Ein Entwicklungsprojekt der Weltbank unter der Kolonialregierung von »Rhodesien« hatte 1958 zum Bau eines Staudamms und Überflutung des Sambesi-Tals geführt. Wasser und Elektrizität fließen seitdem an der lokalen Bevölkerung vorbei in die Städte und Industrien. Die indigene Bevölkerung verliert buchstäblich alles, ist seitdem von humanitärer Hilfe abhängig. Die Ufer des Kariba Sees werden zum großen Teil staatliches Eigentum, sind dem Tourismus bzw. privaten Investoren vorbehalten; ähnlich die Fischerei.

Motorengeräusche und Wellen *(37:30)* Kapenta-Rigs; im Vorbeifahren; Spätnachmittag; sie ziehen raus auf den See zum Fischen; so viele, bis nachts der See wie eine hell erleuchtete Stadt aussieht.

»Most fishing cooperatives are mainly men ...
because of the economic gains ...!«

Zu Deutsch: Es sind zumeist die Männer am Ruder, wo wirtschaftlicher Gewinn im Spiel ist. Zitat aus einem Interview mit Mrs. Ndeti, Bezirksvorsteherin von Binga.

Der globale Kampf um natürliche Ressourcen beendet 1958 für die Tonga am Fluss die beinahe vor-kolonialen Lebensbedingungen. Wahrscheinlich war bis dahin die Berührung mit der kolonialen Welt auf eine »Hüttensteuer« beschränkt gewesen. Dies mag jedoch auch unter den Tonga zu einer

10   https://archive.org/details/Voices_from_Binga_52 Interview
      Abbigal Muleya 2012

Abwanderung von Männern in die Städte geführt haben, um Geld zu verdienen; was dann zu gesellschaftlichen Veränderungen auch am Sambesi geführte haben mag, die im gesamten kolonisierten Afrika Spuren hinterlassen haben. Das gemeinsame Fischen der Tongafrauen mag sogar schon eine Folge jener sozialen Veränderungen, nämlich des Abwanderns der Männer, gewesen sein.

So verlieren die Tongafrauen 1958 mit ihrem Land, ihren fruchtbaren Feldern und ihrem Zugang zum Fluss, auch ihren gemeinsamen sozialen Raum in der kollektiven Fischerei und d.h., wie Abbi uns erzählt, ihre Rechte und Teilhabe als selbstständige Frauen in der Gesellschaft. Die Fischereigenossenschaft »Bbindawuko Banakazi« – kurz »BB« genannt, was »Unternehmerinnen« in ChiTonga bedeutet – sind seit 64 Jahren die ersten Tongafrauen, die das Fischen im zum Kariba See gewordenen Sambesi für die Frauen zurückerobert haben. Seit Gründung des Vereins 2009 hat das Zubo Team an der Initiative »BB-Koop« gearbeitet, die endlich 2011 den Frauen neben den Männern Fischereirechte am Kariba See gewährt.

»We broke the barrier...!« »Wir haben die Begrenzung durchbrochen...!«, jubelt Abbigal im Interview. Übrigens werden bei besagtem Frauentag 2016 von der Bezirksvorsteherin Fischereirechte als Auszeichnung an mehrere Frauengruppen in Binga vergeben. Zubos Beispiel macht Schule. In ihren Email-Notizen an mich vor der Konferenz hebt Rosemary hervor, dass es im langen Ringen um die BB-Koop darum ging, »territoriale Rechte« für die Tongafrauen einzufordern, und zwar grundsätzlich in Form von gleichberechtigter wirtschaftlicher, sozialer, politischer und kultureller Teilhabe. Sie sieht diesen Prozess explizit ganzheitlich und beispielhaft. Zubos Motto bringt dies auf den Punkt: »Zubo Trust brings women together for self-empowerment«.

Glorys Frage *(4:29)* Mitglieder des Yes-Afrika e.v. Frauen Forums treffen auf Zubos Rosemary Cumanzala; 2015, Weltladen, Hamm, Deutschland; Zitat aus dem Podcast der Frauen[11]

»How did you get to bring the women out from their places ... to start the whole thing ...??«

»Wie hat Zubo es geschafft, die Frauen aus ihren häuslichen Pflichten heraus- und zusammenzubringen ...?« Glory fragt mit höchstem Interesse; denn, »dass so etwas mit unseren Frauen hier gelingt... das ist nicht einfach...!« Die Audiospur verschwindet im Radiogewebe. Glorys dringende Frage hängt lange im Raum; aber wie im helixartigen Korbgewebe kann man sicher sein, der Faden kommt irgendwann wieder einmal vorbei. Wie gesagt, »there's a pattern, and you can hear it come and go ...!«

»Women document Women Stories«: Unter den Weberinnen *(16:30 – 31:50)*[12] In der Zwischenzeit lässt der Erzählstrom uns immer wieder minutenlang ins real-time audio fallen. Aber alleingelassen sind wir nie; DJ Mo bei Zongwe FM führt hier durch die Sendung; Zubos Donor Ncube hat viele der Tonaufnahmen gemacht; sie nimmt uns bei der Hand und gibt uns tiefe Einblicke in das Wissen, das Generationen von Tongafrauen in die Korbwebkunst gelegt haben. Wir sitzen Seite an Seite mit den Frauen, wenn sie ihre Körbe weben; 20 – 30 Frauen mit Kindern unter einigen spärlich belaubten Bäumchen im trocken-heißen Buschland. Ziegen. Gesang der Frauen von allen Seiten. Die zugeschnittenen Ilala-Palmblätter weichen im Wasser. Ein Ton entsteht, oft auch im Rhythmus von allen Seiten, wenn vor dem Weben die Finger das Wasser abstreifen. Die Lieder beflügeln die Hände, verbinden

11   https://soundcloud.com/yes-afrika-radio/yes-afrika-womens-forum-podcast-5 Yes-Afrika Frauen 2015

12   https://soundcloud.com/radio_zubo eine Auswahl von Zubos Aufnahmen ab 2016

alle in einem Klang/Raum für ein gemeinsames und vielfach geteiltes Ziel, vielleicht ein Auftrag für einige 100 Körbe: »Frauen, lasst uns zusammenkommen und für uns selbst arbeiten.« Oder »Frauen, lasst uns Körbe weben und nicht den Mann um Geld fragen.« Die Lieder der Frauen machen immer wieder die Runde wie das Weben. Die Stimmen von Frauen, vor allem von älteren, teilen ihr erstaunliches kultur-geschichtliches Wissen mit den Zuhörerinnen, wie mit uns online zum Beispiel, oder bei Zongwe FM in Sambia und sonst wo.

Zongwe FM studio in Sambia 2018, DJ Mo (31:50):

> »But they can only do the weaving when they come together and share knowledge ... There're different patterns ...! they have meanings ...!!«[13]

Her Tonga History: »From the Beads to the Baskets ...« (14:40)

»Von den Perlen zu den Körben«

Remix von DJ Kwe; nach einem Interview mit Barbara und Violet im Binga Craft Center 2012; und Remix von »Knitsonic«, Felicity Ford UK, der Tonga-Crafts Expertin Esnart Mweemba in Sambia gewidmet: Das Geräusch vieler Perlen, die von einem Gefäß in ein anderes laufen ...[14]

Wir lassen hier nur kurz ein Bild anklingen, dessen Spur jedoch oft hörbar mitläuft. Die traditionelle Perlenkunst der Tongafrauen. Im Museum von Binga oder Choma können wir sie noch bewundern. Aber »Jetzt haben wir keine Perlen mehr; so bringen sie die Muster der Perlen zu den Körben ...«.

13 https://archive.org/details/WorldRadioDay2019 Auszüge 2018 Zongwe FM über Zubo

14 https://soundcloud.com/felixbadanimal/they-dont-know-about-the-beads Remix Esnart 2015

Kulturgeschichtliche Kontinuität, von Frauen und ihrem technischen Erfindungsgeist getragen. Wie kommen Perlen ans »Ende der Welt«? Die Tongafrauen sind berühmt für ihren Perlenschmuck. Weder in Simbabwe noch in der Region wurden sie produziert. Perlen waren ein Zahlungsmittel im Welthandel einer Zeit, in der der Sambesi noch eine »Schnellstraße« und weniger eine Grenze war. Wer Perlen hat und sie am Körper trägt, ist reich geschmückt.

Her Tonga History: »Togetherness, Unity, even Peace« (22:10), Kulturerbe der Großmütter: Teamwork »Ich will dir mal einen Hintergrund dazu geben…«, sagt Abbi im Lied (23:16): »Zubo ist ein Word in ChiTonga und meint einen Korb zum Fischen [aus Zweigen grob geflochten]. Mit dem »Zubo« gingen Tongafrauen zusammen im Sambesi fischen – als er noch ein Fluss war (sic!). Im Halbrund gingen sie gemeinsam stromaufwärts mit ihren Körben durch den Fluss und fingen Fisch für ihre Familien. Sie sangen und tauschten sich über ihre Probleme aus…«. Abbigals Interview im Remix von DJ Kwe. Musik und Rhythmus werden zu tragenden Kettfäden der Erzählung. Ein Schlaglicht fällt auf den Zusammenhalt, die kollektive Arbeit der Tongafrauen seit Generationen, den sozialen Raum, der so unter den Frauen entsteht, die hier ihre Probleme aussprechen und gemeinsam diskutieren können und möglicherweise auch deren Lösungen. Dies gilt beim Korbflechten, beim Fischen und auch schon beim täglichen Wasserholen, erzählt Abbi im Lied.

»So there's a lot of unity among the BaTonga women…!« Zubo Trust knüpft an dieses Kulturerbe der Großmütter an – »Zubo brings women together…« – macht es zum zentralen Konzept, sogar zur Mission, wie man den Liedern und Erzählungen immer wieder entnehmen kann, und zum technischen Vehikel der Frauen in die Zukunft. Nur mit Blick auf das soziale Ganze und im Raum des Zusammenhalts kann es dann auch zum »self-empowerment« der Frauen kommen.

»I actually didn't know that women used to fish together ... so that means a lot of other young people don't know ...«

(**35:10**): Das Interesse der Geologie-Studentin Chiza, gebürtig aus Binga, und im Praktikum bei Zubo, ist geweckt. »Ich hatte auch keine Ahnung, dass eine der Frauen vorausgeht, die Fische aufschreckt und in die Körbe der anderen Frauen treibt ...!«

Auch das »Zubo Lied« (**14:00**), (**35:30**), (**38:05**): das uns immer wieder beim Zuhören begleitet und das Lucia zusammen mit einer Kollegin singt, erzählt vom »Zubo« der Mädchen und ihrer Großmütter und dessen Bedeutung bis heute unter den Tongafrauen.

Und wieder Abbigal im Interview (**36:31**): »Sieh dir die Rigs heute an, für uns ist das mehr wie eine Umwandlung des »Zubo«, des uralten Korbs, der von den Frauen zum Fischen benutzt wurde ...!«

»Ja, vielleicht ...«, könnte Abbis derzeitige Vorgesetzte Mrs. Ndeti hier gesagt haben, »doch geht es ja nun eher um wirtschaftlichen Gewinn als um die Ernährung der Familien; und beim Profit sind halt die Männer am Ruder ...«. Das oben bereits erwähnte Zitat der Bezirksvorsteherin erscheint vor dem inneren Ohr bzw. im akustischen Fluss des Radiodramas (37:30).

Her Tonga History: Die Fischerinnen, Bbindawuko Banakazi Cooperative (**35:00 – 37:25**) Bei heftigem Wellengang fahren wir des Nachts über den See bis zum Hafen der Fischerinnen. Ein Remix von Valerio Orlandini mit entfernten Resonanzen des Zubo Lieds und der Antilopenhörner der Tonga Musik (Budima) begleitet uns. Eine nächtliche Erzählspur aus dem Hintergrund wird klarer. Wellengeplätscher. Das Zirpen von Grillen. Wir sitzen mit Cecilia, führendes Mitglied der BB-

Koop, im Hafen auf der Rig. Zubos Mugande Caven macht die Aufnahme. Cecilia erzählt von den Herausforderungen der Fischerei als Frauen-Kooperative: Heute haben sie nicht viel gefangen. Der Wind war zu stark. Schließlich mussten sie zum Hafen zurück. Als Frauen haben sie keine Angst, auf dem See zu fischen. Nur bei Maschinenschaden und für die schweren Arbeiten brauchen sie die Hilfe ihrer beiden männlichen Angestellten. Sie fürchten den starken Wind. Mehr als einmal hat er sie über die Grenze auf die sambische Seite des Sees geworfen.[15] Dort sind sie in gefährliche Konflikte mit sambischen Fischern geraten, haben Geld und Maschinen verloren. Aber sie ist stolz auf ihre Arbeit und Erfolge. Cecilia bezahlt die Schulgebühren für ihre drei Kinder und konnte ein Steinhaus für ihre Familie bauen. Sie kann nur allen Frauen wärmstens empfehlen, es den Bbindawuko Banakazi nachzutun, sich zusammenzufinden, zu organisieren und eine gemeinsame Arbeit aufzubauen.

Her Tonga History in the making: »Women issues are women issues ...« *(38:05)* Die nächtlichen Resonanzen des Zubo Lieds und der Budima Hörner führen uns tiefer in die Geschichte, in die Geburtsstunden von Zubo Trust bzw. Zubos langwierige Kämpfe und geduldige Grassroots-Arbeit in der Tonga Community vor Ort der ersten zwei Jahre, bevor es überhaupt zur BB-Koop kommen konnte. »Wie hat Zubo es geschafft, die Frauen aus ihren häuslichen Pflichten heraus- und zusammenzubringen ...?!«, hatte Glory gefragt. Wir sind nun reif, die Antwort im komplexen Fluss der Geschichte und der Storys zu hören. In wenigen Worten skizziert Rosemary den von Zubo erarbeiteten und geführten Prozess der *»Community sensitisation«* in einer langen Reihe von Workshops mit den Männern und mit den Frauen, getrennt und gemeinsam. Rosemary spielt für uns durch die Szene, die sich sicher über viele Workshops zog:

15   https://youtu.be/OOaIRa5Y6hw Zubo videos: BB-Koop über Starkwind und climate change 2021

(Wo sind die Frauen...?)

»Es ist ein Tabu... ich kann nicht erlauben, dass meine Frau in die Öffentlichkeit geht...«. (Als die Frauen dann endlich auch zu den Workshops kommen:) »Warum sagen die Frauen nichts?«»... bis ich ihr das Wort erteile...«, war die Antwort. (Doch auch dann fürchteten sie noch die Sanktionen der Männer zu Hause und schwiegen.) »Schließlich haben selbst die Männer eingesehen: Die Frauen müssen für sich selbst sprechen... Frauenfragen sind Frauenfragen... kein Mann kann daherkommen und vorgeben, für die Frau zu sprechen...«; (denn ihr seht ja, so kommen wir nicht weiter in der Community, können die Probleme von Armut und Hunger nicht lösen.)

Ähnliche Workshops mit den zumeist männlichen Entscheidungsträgern in der Gemeinde vervollständigen den aufwendigen Prozess. Tatkräftige Unterstützung findet Zubo in der Zusammenarbeit mit der Lokalstelle des Ministeriums für Frauenangelegenheiten. Schließlich hat auch der Erfolg der BB-Koop den Prozess der von Zubo begleiteten sozialen Veränderung beflügelt, Zubo Trust und der Arbeit der Frauen den Respekt der ganzen Gemeinde eingebracht.

Danisa Mudimba, Vorsitzende von Zubo Trust und Rosemarys langjährige Mitstreiterin, gibt die Reaktion eines kommerziellen Fischers wieder (43:10):

»I'm going to fire all the men and employ women in to my Fishing Cooperative, because it seem women are doing better.«

Zongwe FM Studio, Sinazongwe Sambia (41:00 – 48:40)

Live-Sendung nach dem Besuch von drei Frauen bei Zubo Trust in Binga. Nelico und James in der Moderation. Im Hintergrund ein Austausch im O-Ton mit Mitgliedern der BB-Koop beim Ilala-Weben; Expertinnen-Talk über Technik; die

Frauen aus Sinazongwe lernen die Webtechnik der Zubo Frauen kennen. Nosiku führt uns übersetzend durch ihre Audio-Dokumentation. »Ich habe den beiden Repräsentantinnen der Frauenvereine assistiert; denn schließlich hatten sie keine Notizbücher dabei, um festzuhalten, was dort gesagt wird. Wenn wir die Aufnahmen senden, kann auch die Community lernen, wie sich das Leben der Frauen auf der anderen Seite von unserem hier unterscheidet.«

Das Feedback aus der Community kommt prompt; im Sturm männlicher Anrufer, und zwar bezüglich des dann folgenden Berichts der Bbindawuko Banakazi Fischerinnen über ihre Arbeit auf dem See. »Frauen auf dem See...? ...nachts, allein, und ohne Schlaf...? ...wie sollen sie denn den Anker lösen...? ...mit Männern, was für Männer...? ...ihre Männer? ...wie soll denn das gehen...? auf einer Rig gibt es ja keine Toilette...?!...«

Aus den O-Tönen der Zubo-Frauen und Nosikus Bericht hören wir, dass die Zongwe-Frauen wohl genau dieselben Fragen gestellt hatten. Lachen und feste Stimmen der Fischerinnen. »Weder Frau noch Mann kann allein den Anker aus 120 m Tiefe heben. Dafür gibt es Winden. Im Übrigen haben sie zwei Männer, für die schwere Arbeit und den Notfall eines Maschinenschadens eingestellt.« Die Sache mit der Toilette hat auch damals den Behörden in Simbabwe Kopfschmerzen bereitet. Die Lösung des Zubo-Gründungsteams war der Bau einer »frauenfreundlichen« Rig, u.a. mit einer eingebauten Toilette und einer geschützten Ruhebank.

Frauen stellen Männer ein...?! Neuland für die tief beeindruckten Besucherinnen und die Anrufer!

»Die Nachtarbeit ist kein Problem, denn sie sind ja eine Koop von zehn Frauen; jeweils zwei bis drei Frauen gehen mit den beiden Angestellten für 24 Tage ins »fishing camp«; bei Vollmond wird ja eh nach gesetzlicher Regelung nicht gefischt; dann gehen sie zurück in ihr Dorf; die nächste »Schicht« fährt

zum Mondwechsel raus.« (Der Fang, Kapenta, die kleine Süß-
wasser-Sardine wird in der Sonne getrocknet, in Säcke ge-
packt und verkauft.)

Die Sinazongwe Frauen nehmen den Bericht mit lachendem
Erstaunen entgegen; während sie sich ausmalen, was wohl
ihre Familien zu Hause zu einer solchen Regelung sagen würden...! BB-Frauen O-Ton »Was ist das Problem...?! Die Männer gehen ja auch täglich zur Arbeit – wenn sie denn Arbeit
haben...?! 50/50 ! Equal Rights! Die Männer können sich
ebensogut um Haus, Hof und Kinder kümmern. Vor allem auch
dann, wenn *ihr* Verdienst lebenswichtig ist für die Familie.«

        »Without unity, women cannot work together.«

Nosiku überbringt den ermunternden Rat der Zubo-Frauen in
die Sinazongwe Community: Im Einvernehmen und mit Blick
auf das Ganze, das Leben in der Community, sollen die Frauen
zusammenkommen, sich organisieren und zusammen arbeiten; dann werden auch sie in der Zukunft gut verdienen. Nosiku
kommentiert, nachdenklich:

        »There's a big difference between women
        in Simbabwe and the women in Sambia...«

»Ende der Nachrichten...!« Gelächter von hier und von dort...
(Remix Zitate)

Her History: Im Radio-Remix von Meira Asher und der Musik
von Daphna Naftali fällt das Schlaglicht auf die Stimme einer
weiteren »weisen alten Frau«: Mulenga Kapwepwe, Lusaka
Sambia, im Interview von 2012. Die Forscherin für Kulturge-
schichte, Autorin, Dramaturgin und Politikerin zitiert aus
ihrer Arbeit. Aus dem Reisebericht einer Engländerin in Sambia zu Beginn des 20. Jahrhunderts,

»Die Frauen hier haben viel mehr Rechte als wir; sie haben ein Recht auf ihren eigenen Namen, ihr eigenes Land, ihre eigene wirtschaftliche Grundlage, ein Recht auf Schutz ... nichts davon haben wir Frauen in England zurzeit ...!«

Mulenga kommentiert: »Weißt du, mir scheint dies genau der Punkt zu sein, den wir selbst wohl vergessen haben; dass wir Frauen hier in der Region schon so viele Rechte für uns erkämpft hatten; und dann kam ein anderes politisches System und nahm uns all diese Rechte ... Und nun kämpfen wir schon wieder, nur um dahin zu kommen, wo wir doch schon mal waren ...!«[16]

Claudia Wegener, radio continental drift

16 https://archive.org/details/Voices_from_Lusaka_467
    Interview Mulenga Kapwepwe 2012

Verena Koch

Ausbildung an der Hochschule für Darstellende Kunst Frankfurt/Main. Schauspielengagements in Frankfurt/M., Berlin, Göttingen, Esslingen, Mannheim, Münster, Linz, Amsterdam u.a. Inszenierungen: Theater Münster, Nationaltheater Mannheim, Landestheater Linz, Brucknerhaus Linz, Festival der Regionen, Deutsche Bühne Ungarn, Festwochen Gmunden, Landestheater Innsbruck, Teatru Luceafarul Iasi, Theater an der Rott, Festival der Regionen, Landestheater Schleswig Holstein, Dschungel Wien u.a. Coachings und Seminare für Mozarteum Salzburg, Universität Temesvar, Theaterakademie Vorpommern, Salzburger Festspiele u.a. Theaterstücke. Seit 1999 Dozentin an der Anton Bruckner Privatuniversität, Linz.

»Old women do not die easily, nor
are their deaths timely. They make a habit
of outliving men, so that, as I am still here,
I am able to say clearly that when Prospero
said he took over an uninhabited island
safe for Caliban and the enslaved
Ariel, he lied.«

Namjoshi, *Sycorax: New Fables and Poems*, 2006

Verena Koch

SYKORAX
ODER
ÜBER DAS VERSCHWINDEN

Eigentlich gibt es sie nicht. Sie wurde nicht geschrieben. Shakespeare hat ihren Auftritt ausgelassen. Ein bisschen üble Nachrede musste genügen. Sycorax spielt keine Rolle. Sie hat keine Stimme. Sollte sie aber.

Ich würde ihr gern meine leihen. Für den Teil, den ich verstehe. An dem ich teilhabe, seit ich lesen kann und Theater spiele. Den Teil, der über den kolonialen Aspekt hinaus nicht nur alle weisen Frauen, Hexen, Hebammen, sondern fast alle Frauen noch immer ihrer Stimme beraubt und verbannt.

Ich bin eine alte Schauspielerin.

Ich stelle mir also vor, ich bin: Sycorax. In einem Baum. Ja, in einem Baum. Wie Ariel. Nicht eingesperrt, sondern hineingeflüchtet. Auf einer Insel. Jetzt.

Zuallererst werde ich die Story anzweifeln. Die Story über den klugen Zauberer Prospero, der mit seiner schönen Tochter Miranda einen Schiffbruch überlebt und an eine Insel geschwemmt wird. Die ist zufällig leer, zumindest Prospero behauptet das, bis auf ein paar verwirrte Luftgeister und Ureinwohner. Und steht somit zur freien Verfügung. Was folgt, ist die heldenhafte Arbeit der Kolonialisierung. Fängt an bei der Kleidung (laufen da fast nackt herum) und hört bei den Tischmanieren (essen mit den Händen!) noch lange nicht auf.

Inzwischen bin ich, Sycorax, Mutter von Caliban, bis dato Matriarchin dieser Insel, für tot erklärt worden, das ultimativ wirksamste Verschwinden. Stimmt nur nicht. Ich habe die Schiffe kommen sehen und bin lediglich in meinen schützenden Baum verschwunden.

EINE gewaltsame Vertreibung aus meiner Heimat auf diese Insel habe ich bereits hinter mir. Ich kann nicht mehr, muss mich schützen.

Ich also, wissend was mir blüht, mit all den anderen Geistern hinein in den Schutz eines Baumes, alter Hexentrick. Mein Kollege Ariel allerdings, diese hilflose, unschlüssige Künstlerseele, wird von den fremden Stimmen aus seinem Baum gelockt, zack zack, versklavt und ist fortan dem Prospero zu Diensten.

So viel zum Plot.

Das Szenario: Die Zeit, nein, nicht damals, jetzt. Nein, nicht in einem Stadttheater. In meinem Kopf. Kurze Wetterturbulenzen, ansonsten friedliche, harmonische Atmosphäre. Sonnenuntergang, Strand, Meer, Palmen, Möwen. Das Mittelmeer.

Postkarte.

Die Insel ist inzwischen durch Prosperos Zauberkraft »zivilisiert«, nur Caliban, mein wundervoller Sohn, den Prospero einen missgestalteten, ungezogenen Lümmel nennt, macht mit seiner unstillbaren Wut allen noch ein bisschen das Leben schwer. Aber daran wird kontinuierlich gearbeitet. Es gibt schließlich Regeln, neue, vernünftige Regeln. Wo Regeln nicht reichen, da zaubert Prospero einfach ein wenig. Das kann er gut: Wegzaubern und Herbeizaubern. Und so zaubert der tolle Prospero selbst einen weiteren Sturm herbei und lässt ein Schiff kentern, welches ihm ausgerechnet die Handvoll Feinde ans Ufer schwemmt, die ihn vor Jahren um den (mailändischen) Thron gebracht hatten. Vergeltung in all dem christlich humanistischen Eifer des Vergebens, letztlich dann doch Vergeltung. Und Macht.

Szenenwechsel, Zeitsprung. Prosperos eigentlich ganz coole Tochter Miranda verliebt sich, ein bisschen holprig zwar, aber dann irgendwie doch in den Sohn seines ehemaligen Widersachers, der auch auf der Insel herumstolpert als Schiffbrüchiger und ihr im Schach unterlegen ist. Alles kein Zufall, sondern Grundmotiv von Prosperos Plan. Die Tochter verschachern. Diplomatische Gepflogenheiten. Nachzulesen in unzähligen Büchern und Theaterstücken. Die Alten schließen Frieden, alle fahren nach Hause zurück, lassen aber ihren Mist sowie Caliban und Ariel und alle unerklärlichen Stimmen auf der Insel und…fertig ist »Der Sturm« von Shakespeare. Geschrieben so etwa um 1611, da waren bereits einige Schiffe unterwegs, um mal nachzuschauen, was so zu holen ist auf einsamen Inseln.

Aber zurück zu mir und meinem Baum und meinem Jetzt. Prospero behauptete, ich käme aus Algier, aber ich kann von überall vertrieben sein, von dort, wo Wissen, gepaart mit Weiblichkeit, gefährlich erscheint. Mein Name Sycorax hilft da auch nicht weiter. Nicht einmal die Sprachwurzel ist geklärt. So mache ich damit, was ich will. Mir gefällt der darin versteckte Rabe. Stolzer Rabe, sy-corax, das wäre mir noch das Liebste. Jede Hexe, auch eine kleine, hat ihren Raben bei sich, das weiß ich noch aus meinem Kleine-Hexe-Buch der Kindertage.

Prospero sagt: »Die eklige Hexe Sycorax, die Alter und Neid so krumm machten wie einen Reifen…nun, die verdammte Hexe ward für unzählige Frevel, Zauberkünste, für die das Ohr zu zart ist, einst schon fortgejagt…sie brachten sie hierher, schon schwanger und setzen sie hier aus.« *(Sturm 1/2, dt. von E. Fried)*

Wow. Woher weiß er das? Ist das nicht, wie sagt man, üble Nachrede? Ich stelle mir vor – das ist mein Beruf – ich bin Sycorax. Nein. Ich war nicht böse. Ich war zornig. Ich war nicht aggressiv, ich war wütend. Ich war nicht gemein, ich war verzweifelt, nicht verbittert, ratlos. Ich war schwanger! Ich stelle mir vor: Ich habe meine Sprache nicht verloren, man hat mich nur nicht zu Wort kommen lassen. Ich bin nicht stumm, ich habe nur keine Stimme. Ich stelle mir vor: Ich bekomme einen Sohn, der misshandelt wird, weil er die falsche Hautfarbe, den falschen Glauben, schlechte Manieren und andere Ideen hat. Mein Caliban. Geliebtes Kind. »Die Pest dem Tyrannen, dem ich diene!«, ruft er und: »Das ist meine Insel, von meiner Mutter Sycorax!«

Ich kann ihm nicht helfen, denn ich bin verstummt. Ich kann nur laut heulen, manchmal, nachts, damit die Furcht alle Usurpatoren wenigstens in ihren Träumen schwächt. Einiges habe ich verstanden in meinem Baum. Leider zu spät. Jetzt bin ich alt. Manchmal darf ich meinen Baum verlassen. Dann ist Putztag auf der Insel. Oder der Kühlschrank ist leer. Ich lasse meine Augen geschlossen. Ich sehe Prospero über die Insel laufen, keinen Selbstzweifel hat der alte weiße Mann. Ich empfinde Genugtuung, ihn selbst auch nochmal so zu nennen. Ich murmele: Alter weißer Mann, alter weißer Mann, alter weißer Mann. Hör zu! Hör endlich zu! Ja, du! Der sich immer noch und trotz allem im Recht glaubt. Ohne jeden Zweifel seine Pfründe verteidigt, selbstgerecht verteilt und nie müde wird zu verkünden, er brächte damit Fortschritt, Wachstum, den richtigen Glauben, Frieden. Und zwar überall, wo noch eine Insel frei ist.

Nein. Ich möchte schreien, ich möchte, dass das Meer wieder verschlingt, was es ausgespuckt hat. Ich möchte mein unverstelltes Kind in den Arm nehmen und ihm sagen, Caliban, du machst es richtig. Ich möchte ihn trösten, wenn er kotzend und weinend auf einem Stein sitzt, weil seine dummen neuen Freunde Trinkolo und Stefano ihn hohnlachend mit Alkohol gefügig machten für ihre dummen Machtspiele und Verteilungskämpfe. Ich möchte nicht mehr hören, wie Miranda, dem aufrichtigsten jungen, einzigen weiblichen Wesen auf diesem Eiland, immer und immer wieder die Welt erklärt wird, eine alte Welt, die nicht ihre sein kann, nicht ihre werden sollte. Wie sie sich – Hokuspokus, Papa kann ja zaubern – verlieben muss in das einzige mögliche Exemplar von Märchenprinz, das auf der Insel herumstolziert, ein weinerliches Muttersöhnchen ohne jede Loyalität zu irgendwem. Aber er hat eine Position und diese tollen Manieren.

Wann schaffen wir die Märchenprinzen ab? Wann schaffen wir das Warten darauf ab? All das möchte ich herausschreien, aber ich bin gefangen in meinem Baum, verstummt, alt. Zu spät habe ich bemerkt, dass es nicht die Schwachen sind, die man einsperrt, die laufen ja mit. Die Schwachen laufen mit. Es sind die Starken, die Fragen stellen, auf die es nur unbequeme Antworten geben kann. Es sind die, die an vermeintlichen Tatsachen zweifeln. Und, es geht wie immer um Macht und Geld. So wie wir unsichtbar sind, ist es unsere Arbeit auch. Und für nichts muss nichts bezahlt werden.

»In welchem Verhältnis stehen Landenteignung und massenhafte Pauperisierung zu dem anhaltenden Angriff auf Frauen?«, das beantwortet Silvia Federici in *Caliban und die Hexe* ...

Beobachten, sammeln, verstehen, bewahren, erinnern – scheint bedrohlich. Gebären, bluten, regelmäßig bluten, ohne zu sterben. Unheimlich. Deshalb heißen wir immer noch Hexen. Alte Hexe. Blöde Hexe. Garstige Hexe. Unser Wissen wird ausgelöscht mit dem Feuer der Macht, der Ignoranz. Weil: Die ganze Hexe verbrennen, das erfordert brutalen Mut, der sich zurzeit versteckt. Noch. Leichter ist verstümmeln, einsperren, diskriminieren, mundtot machen, belächeln – ignorieren. Das habe ich verstanden. Inzwischen habe ich Mut, aber keine Kraft mehr. Ich bin alt. Ich möchte Miranda beschützen, jede Miranda. Auch mein Sohn Caliban wollte das. Billig von Prospero, Calibans Zuneigung als Übergriff zu brandmarken, während die eigene Begierde zur Romanze erklärt wird. Das Vertrauen der Ureinwohner war und ist ihr Todesurteil. Ihre Gastfreundschaft ihr Verhängnis. Unbefangenheit wird bestraft. Wie traurig das ist. Schiffe, die übers Meer fahren, das Fernweh, der blaue Horizont, Möwen am Himmel.

Zerstörtes Bild.

Das kleine Schiff kentert. Das Große landet und unterwirft. Manchmal singe ich nachts in meinem Baum. Es kann nicht sein, dass alle Hoffnung fahren muss. Ich stelle mir vor: Mein Lied wird lauter. Nicht aufgeben. Der Blick zurück kann den Blick nach vorne etwas lehren.

Wir waren immer wieder auch glücklich. Wir haben Potential zum Glücklichsein. Wenn wir nicht eingesperrt oder weggesperrt sind. In Prosperos aufklärerischen Zauberbüchern, oder Tagebüchern, schon in seinen pubertären Notizen, steht geschrieben, wie alles bleiben kann, weil es lange schon so ist. So wird die Eroberung einer Insel leichter. Daran wird gearbeitet. Seit langem und immer noch. In Mythen, Märchen, Fabeln. Auf allen Bühnen der Welt.

Der Fußabdruck im Sand ist größer geworden, die Stiefel lauter und schwerer. Das steht so nicht in den Büchern. Und das spielt auch im Theater selten mit. Man kann darin nicht tanzen. Ich stelle mir vor: Mein Drama ist eins von vielen. Ich rufe meine Freundinnen, Dido, Circe, Medea, Norma, auch sie erfunden, um unglücklich zu lieben, dramatisch zu sterben. Vorgeführt zu werden in ihrem Scheitern, während Männer die Welt erobern. Mädels rufe ich, in meinem Traum, kommt raus! STURMfreie Bude! Alle weg! Ich rufe, immer wieder, Dido, Circe, Medea, Judith, Norma... Es stimmt nicht, dass wir namenlos sind. Es gab uns immer. Wir haben immer nachgedacht. Wir wurden nur wenig aufgeschrieben. Ich rufe:

»Miranda! Caliban!« Sie hören ein Rascheln. Das ist ein Anfang. Sie setzen sich neuerdings unter meinen Baum. Ich flüstere ihnen zu. Es wird schwer, flüstere ich, aber nicht aussichtslos. Es ist dunkel, aber nicht unklar. Es ist verwirrend, aber doch zu verstehen.

Hör mal, wie die Blätter rascheln, sagt Miranda, als hätten sie etwas zu erzählen.

»Vater ... weshalb beschwort ihr diesen Sturm?«

Der weise Prospero, der getriebene Faust, der fehlgeleitete Macbeth, der starke Karl Moor. Als Kind hielt ich all das für wahr. Normalität ist eine Behauptung. Wir brauchen andere Geschichten. Es gibt keine bösen Hexen. Es gibt nur die Feuer, die sie verbrennen wollen. Mit ihren Ideen, ihren Büchern, ihren Wäldern. Wir sind viele. Wir sollten die Brände löschen. Wir brauchen andere Geschichten. Wir brauchen andere Blickwinkel. Sycorax soll reden.

Freiheit schreit Caliban, ihr wütender Sohn für sie. *Heissa Freiheit Freiheit heissa.*

Ich habe Freudinnen. Circe, Dido, Medea. Drei Hexen ... *when shall we meet again? In thunder lightning or in rain* ... Im Vollrausch tanzen die Bakchen barbusig auf dem Altar oder war das jetzt Pussy Riot? Und dann Besuch von der alten Dame, ja, das würde ich auch gern spielen. Der Besuch der alten Dame, mit Humor und mit Trauer, nicht mit Zorn:

»Ich ziehe immer die Notbremse. Wir sind ja in Güllen. Ich erkenne das traurige Nest. Diese Bedürfnisanstalt hat mein Vater errichtet. Ich saß als Kind stundenlang auf dem Dach und spuckte hinunter. Aber nur auf die Männer ... nun sind wir alt geworden ... von den Messern der Chirurgen zerfleischt und jetzt will ich, dass wir abrechnen ...«

Abrechnen. Naja. Danke, ganz lieb, Herr Dürrenmatt. Sonst müssen wir auf den Bühnen ja meistens aufgeben, missverstehen, streiten, uns irren, scheitern, dramatisch sterben am Ende, wenn nicht bereits im 1. Akt. Das zu spielen ist nicht ermutigend. Und trotzdem stürzen wir uns darauf, solange wir jung sind. Wir wollen vorkommen und wir wollen spielen, wir wollen teilhaben, wir wollen besetzt werden, wir wollen eine Rolle spielen. Solange wir dürfen, d.h. solange wir jung sind und knackig und unsere Gagen niedrig. Denn nur solange wir »knackig« sind, können wir auch von den wichtigen und berühmten Regisseuren und den anderen Helden zu Pferd oder zu Fuß »geknackt« werden.

Während wir die Regel merken, müssen andere den Markt regeln.

Man hat es uns nahegebracht, bereits auf der Schauspielschule, wie ein Naturgesetz. »Das verkauft sich besser.« Als die Welt entstand, muss der Kapitalismus schon da gewesen sein. (Ohne ihn auch kein Untergang.) Viele fleißige, anmutige, dümmliche Rolleninterpretationen, aus jeder Zeit gefallen, ohne Relevanz begleiten uns bis in mein Jetzt. Dann lieber Walpurgisnacht:

»Mit tausend Schritten macht's die Frau;
Doch wie sie sich auch eilen kann,
Mit einem Sprunge macht's der Mann.«

»Geh von rechts nach links und wackel dabei mit der Hüfte. Aber nicht so viel.« Regieanweisung. O-Ton.
Dann lieber Hexenküche:

»Was ist das hier?«
»Wer seid ihr hier?«
»Was wollt ihr da?«
»Wer schlich sich ein?«
»Die Feuerpein«
»Euch ins Gebein!«

Männer erfinden Frauenrollen und schreiben Frauenrollen und inszenieren sie auch. Es scheint, sie wissen, was sie tun. Wie wir aussehen, uns benehmen und bewegen sollen. Wann wir sprechen und wann wir verstummen. Wann wir Luft holen und wie wir unsere Sätze betonen müssen. Machen wir es anders, fallen sie uns ins Wort. Im Namen der Kunst natürlich.

Ich bin eine alte Schauspielerin, das hat auch etwas sehr Entspannendes. Ich habe allmählich die Spielregeln verstanden. Also Narrenfreiheit: schwierig, laut, frech und dabei zunehmend unattraktiv. Ich spiele weiter. Ich flüstere den Text. Durch meine Blätter. Ich stelle mir vor: Ich bin Medea, Judith, Dido... Mutter Courage. Ja. Mutter Courage, die berühmte, die so schöne Lieder von Bertolt Brecht gesungen hat...

> »und es dreht das Rad sich immer weiter, dass,
> was oben war, nicht oben bleibt, aber für das
> Wasser unten heißt das leider nur, dass es das
> Rad halt ewig treibt«.

Eigentlich nämlich auch – eine Hexe. Die Hexe Courasche. Musste in Männerkleidern durch die Wirren des Dreißigjährigen Krieges ziehen, sich hüten vor Hexenverfolgung, mit Prostitution sich und ihre Kinder erhalten. Brecht schreibt ihr als Anerkennung dann Mitschuld am Krieg zu. Wieder schreibt der Mann die Frau, obwohl, Stopp! Waren es nicht Frauen, viele Frauen, die bei Brecht unsichtbar mitgeschrieben haben: Paula Banholzer/Marie Luise Fleißer/Elisabeth Hauptmann/Marianne Zoff/Margarete Steffin/Helene Weigel/Ruth Berlau:

> »Hier bin ich halt für die Leute Brechts Freundin,
> die einmal sehr schön war. Jetzt aber sucht Brecht
> junges Fleisch. Meine Arbeit ist mir schließlich
> – jetzt, da ich vierundvierzig Jahre alt bin – das
> Wichtigste... Ich will schreiben und Regie führen.
> Das ist mein Fach, mein Beruf. Das kann ich!«

Nach Brechts Tod 1956 kündigt das Berliner Ensemble ihren Arbeitsvertrag, sie erhält Hausverbot. (vgl. fembio.org)

So haben wir uns zurückziehen müssen. Auf Inseln, in Wälder, Lebkuchenhäuschen, Einbauküchen, Bäume, einsame Hütten am Stadtrand... Aber es gibt uns. »Beim Zeus! Das Wetter! Immer noch Sturm!«, flucht Prospero und murmelt seine Formeln zur Beruhigung... Ich halte dagegen... da! Ein Windchen ... es bringt meine Blätter zum Rascheln... das Rascheln wird lauter. Ich will auch einen Sturm erzeugen, einen, der das Rascheln meiner Blätter noch weiterträgt. Je länger ich im Baum stecke, umso größer wird der Wunsch. Aufruf zum Ungehorsam. Daran scheitert Medea, sie ist keine Kindsmörderin. Für mich nicht!

> »Du kennst ihn nicht, ich aber kenn ihn ganz.
> Nur ER ist da, er in der weiten Welt
> Und alles andere nichts als Stoff zu Taten.
> Voll Selbstheit, nichts des Nutzens, nichts des Sinns,
> spielt er mit seinem und der andern Glück.
> Lockt's ihn nach Ruhm, so schlägt er einen tot,
> will er ein Weib, so holt er eine sich,
> was auch darüber bricht, was kümmert's ihn!
> Er tut nur Recht, doch Recht ist, was er will.«
> – Medea, Grillparzer

Wir sollen uns fürchten. Mann will uns das Fürchten lehren. »Ich werde dich das Fürchten lehren«, hat mir schon mein Vater gesagt, »bis die Widerworte verstummen«. So war ich eine Zeit lang sehr beschäftigt mit Beine übereinander schlagen (oder auch nicht), Haare färben, vorm Spiegel ein Lächeln üben. Ich wollte schließlich gefragt sein. Der Terror der Harmonie. Ich dachte immer: Ich bin eben zu dumm. Wenn ich es vergessen hatte, hat es mir mein Vater nochmal erklärt. Auch meine Mutter. Auch die Lehrer in der Schule. Ich bin eben schwach. Ich bin eben schwierig. Ich bin eben hässlich. »Sie muss abgehärtet werden.« Bei zu viel Abhärtung habe ich begonnen mich zurückzuziehen. Das war ja auch das Ziel. Die enormen Kräfte binden und wegsperren. Ich musste fliehen, um mich zu finden. Um andere Resonanzräume zu finden. Um wenigstens den Versuch zu wagen, eigenständig zu denken.

Jetzt: Auf das Rascheln hören. Nicht mehr, bereits geschwächt und angegriffen, auf die erste Hürde treffen, den Blick zu Boden senken, gar nicht erwarten, dass ich etwas können könnte. Mir das jedenfalls nicht zutrauen. Vorzeitig meinen Platz räumen und meine Stifte ratlos in die Handtasche verkramen. Leider ist sie nicht groß genug, um selbst darin zu verschwinden. Nach Hause, bloß nach Hause. Fliehen. Wohin? In meinen Baum. Da ist Ruhe. Wenn nicht dieses Rascheln wäre... »Domestizierung« als Waffe gegen das Poetische, Spirituelle, Archaische, das Mögliche, die Kraft weiblicher Wut...

Prospero stapft fluchend und murmelnd über die Insel, beruhigt sich mit seinen eigenen Schriften, denn auch er hört das Rascheln. Um meinen Baum macht er einen Umweg – er mag das Rascheln nicht. Aber es raschelt. Und raschelt. Nicht aufgeben. Es raschelt. In vielen Bäumen. Der Wind legt sich nicht...

Beate Hausbichler

wurde 1978 in Reith im Alpbachtal (Tirol) geboren und hat in Wien Philosophie mit den Schwerpunkten Sozialphilosophie, Sprachphilosophie, Diskurstheorie und Gender Studies studiert (2003–2008). Während ihres Studiums war sie als Mitherausgeberin des feministischen Magazins *fiber. werkstoff für feminismus und popkultur* und als Autorin für das feministische Monatsmagazin *an.schläge* tätig. Seit 2008 ist sie Redakteurin bei der Tageszeitung DER STANDARD und seit 2014 leitet sie das frauenpolitische Ressort dieStandard. 2021 erschien ihr Buch *Der verkaufte Feminismus. Wie aus einer politischen Bewegung ein profitables Label wurde.* (Residenz Verlag)

Immer dieselben Zahlen, immer dieselben frustrierenden Ausreden, warum das alles so lange dauert. Doch die explosive Mischung geballter feministischer Expertise und frauenpolitischen Dilettantismus könnte gar nicht so schlecht sein.

ES MUSS SICH EINFACH LOHNEN

Die Wiederholung der Wiederholung der Wiederholung. Wer sich mit Frauenpolitik und mit
Feminismus schon länger befasst, wird dieses
Gefühl kennen. Immer dasselbe. Dieselben
Probleme, dieselben Debatten, dieselben öden,
schlecht argumentierten Verweigerungshaltungen
gegen alles, was eine nachhaltige Veränderung
bringen und an den Hierarchien zwischen den
Geschlechtern zerren könnte. Wir erfahren je nach
Saison, zum Beispiel rund um den Frauentag,
in geballter Ladung, was wir schon wissen. Wir
Journalistinnen schreiben, worüber wir schon
hundertfach geschrieben haben. Von den x-fachen
Gaps; beim Lohn, bei den Pensionen, den Auf-
sichtsratsposten, bei der Armutsgefährdung und
der unbezahlten Sorgearbeit. Wir schreiben über
das höhere Risiko von Frauen, von jemandem
getötet zu werden, der der Partner oder Ex-Partner
ist, über das gesundheitliche Risiko einer un-
gewollten Schwangerschaft in vielen Ländern, in
denen strenge Abtreibungsreglementierungen
herrschen.

Wie sollen wir also mit diesen im Grunde skan-
dalösen Nachrichten umgehen, die aber längst
nicht mehr einschlagen, weil sie eben nicht neu
sind, mit diesen Nachrichten, die trotzdem dringend unsere volle Aufmerksamkeit brauchen?

Ja, es scheint oft so, aber es ist genau nicht »eh
immer dasselbe«. Das ist eine resignative Haltung,
die nur verständlich ist. Verständlich, aber auch
gefährlich. Denn sie verstellt den Blick für Fortschritte, auf Chance für Veränderung und sie verstellt auch den Blick auf neue Gefahren, weil
man meint, eh schon alles gesehen zu haben. Hat
man nicht. Das führt uns unsere Gegenwart

gerade schmerzlich vor Augen. Die ersten zwei Jahre der Pandemie haben gezeigt, wie schnell in einer Krise die Uhren für die Gleichberechtigung zurückgedreht werden. »UN Women« nennt die Pandemie »die Krise der Frauen«. Die notwendige Pflege in bezahlten Berufen liegt mit über 80 Prozent bei Frauen, daheim pflegen und kümmern sie sich weiter. Laut einer Studie der Universität Wien und des Meinungsforschungsinstituts Sora haben 47 Prozent der Frauen mit ihren Kindern Homeschooling bewältigt, bei den Männern waren es nur neun Prozent. Öffnungszeiten von Kindergärten mussten wegen zu vieler Krankenstände immer wieder kurzerhand verkürzt werden oder sie wurden ganz zugesperrt. Wo war das Netz, der Puffer, der all die Belastungen abmildert? Es gab ihn schlicht nicht. Die Lohnarbeit mit der Kinderbetreuung zusammenzubringen – das gilt noch immer als Privatproblem. Das zeigte uns die Pandemie deutlich. Aber ist das nicht wieder etwas, was wir schon wussten?

NEUER KONTEXT,
EINE NEUWIEDERHOLUNG

Vereinbarkeit von Beruf und Familie. Kann doch keine∗r mehr hören, das hatten wir schon zigfach. Nein, das hatten wir so nicht: Eine Pandemie ist ein völlig neuer Kontext, der das – zugegeben – alte Problem in eine ungewohnte, neue Realität katapultiert – und im schlimmsten Fall wird dabei über zarte Gleichstellungspflänzchen drüberrasiert. Und das ist nur die eine Krise. Die andere, ebenso völlig unerwartete, ist der Krieg in Europa. Ein Krieg, den erst kaum wer erwartet hatte, der Ende Februar 2022 aber durch die russische Invasion über die Ukraine hereinbrach. Es ist eine weitere

Krise mit noch nicht absehbaren Folgen für die Menschenrechte, die soziale Sicherheit, die Klimapolitik. All das wird angesichts eines Krieges zum Neben- oder gar zum Luxusproblem, gerade nicht dringend – aber trotzdem enorm wichtig.

Es gibt also kaum Zeit für ein ermüdetes, unaufmerksames »ImmerDdasselbe«. Und, machen wir uns nichts vor, das ist anstrengend. Genau deshalb müssen wir auf die schon erwähnten Fortschritte und Chancen schauen, sonst hält das ja keine*r aus. Auch wenn manche Fortschritte erstmal nicht danach aussehen. Wie etwa der:
Es ist – zum Beispiel – ein Fortschritt, wenn inzwischen sehr viele Menschen bei jedem einzelnen Femizid aufschreien. Es ist noch gar nicht so lange her, vielleicht vier oder fünf Jahre, da sprach und schrieb das Gros der klassischen Medien nicht mit einer Zeile davon, dass ein »Frauenmord« ein Verbrechen ist, das mit einem Machtgefälle zwischen den Geschlechtern zu tun haben könnte. Hat es aber freilich, und wir sind ein gutes Stück darin weitergekommen, deutlicher darüber zu sprechen, was dahintersteckt, wenn wieder eine Frau durch die Hand ihres Partners oder Ex-Partners stirbt. Sicher, das ist ein deprimierendes Beispiel. Aber es ist eines, und ja, eines für einen kleinen Fortschritt. Dass immer mehr Menschen genauer wissen, womit wir es zu tun haben. Das ist was.

Und was ist mit den Chancen? Diese zu sehen, ist wohl der schwerste Teil. Eine Chance ist erstmal nur eine Möglichkeit, nicht mehr – aber auch nicht weniger. Und eine solche Möglichkeit gibt es derzeit in einer doch interessanten Gemengelage: Die Jungen und auch Älteren sind immer besser mit feministischem Wissen ausgestattet, eine hervorragende Publikation – siehe diese hier – jagt die andere. Es wurde wohl noch nie in der Geschichte so viel über patriarchale Muster, und wie sich deren Effekte noch immer in unsere Körper, in unser Handeln und Denken einbrennen, geschrieben. Kurz: Immer mehr Menschen erkennen, ob etwas und was genau schiefläuft.

FRAUEN SOLLEN MAL WIEDER

Ein kleines Beispiel dafür: Das Innenministerium gab Präventionstipps gegen Gewalt unter dem Titel »Gewalt widersetzen«, in denen geraten wird, sich doch »selbstbewusst« zu präsentieren. Frauen sollten sich angewöhnen, mit einem »offenen Blick« und »aufrechter Haltung« zu gehen, denn auch »ein selbstsicheres und entschlossenes Auftreten« könne Täter abschrecken. Nun, es brauchte nicht lange, bis Feministinnen vor dem Innenministerium standen und klarmachten, dass es nicht an der Selbstpräsentation von Frauen liegt, wenn Gewalt passiert. Das führt gern zu einer Täter-Opfer-Umkehr und man fragt sich dann plötzlich, was wohl die Betroffene »falsch« gemacht hätte. Ja, so etwas passiert noch immer – es bleibt aber sehr oft nicht mehr unbemerkt. Ebenso wie die seit Jahren völlig unambitionierte Frauenpolitik. Im März 2022 hat Frauenministerin Susanne Raab (ÖVP) einen Frauenfonds gegründet, mit dem sie Frauen durch positive Rollenbilder »empowern« will. Dass sie in besser bezahlte Jobs gehen und gern in MINT-Berufe. Wer dann die mies bezahlten »Frauenberufe«, wie etwa die system-relevante Pflege übernimmt, egal – Hauptsache, ein paar Frauen empowern sich in Männer-domänen rein. Das tieferliegende Problem dahinter, die unterschiedliche und unfaire Bewertung von »Männer«- und »Frauenarbeit«, die wird lieber nicht angefasst.

Wir bemerken hier ein Muster: Die Frauen sollen doch bitte selbstsicher auftreten, doch bitte allein durch ihre Jobwahl und eine Vollzeittätigkeit den Gender Pay Gap und somit auch die Pensionslücke schließen. Dabei gibt es in vielen – vor allem ländlichen Gegenden – kein Angebot für die Betreuung von Kindern unter drei Jahren. Und laut Zahlen des Österreichischen Städtebundes sind nur 36 Prozent der Kinderbetreuungseinrichtungen mit einer Vollzeitstelle kompatibel. Gegen derartig frauenfeindliche Infrastrukturen hilft halt das tollste Role Model nichts.

Gleichbleibende diskriminierende Strukturen reproduzieren immer dieselben frustrierenden Zahlen wie diese: Österreich hält mit 18,9 Prozent Lohnschere bei den Bruttostundenlöhnen EU-weit den drittschlechtesten Platz, die Femizidrate liegt seit Jahren bei weit über 30 getöteten Frauen. Frauen leisten dreimal so viel unbezahlte Sorgearbeit als Männer. Die Pandemie hat die Geschlechterhierarchien verschärft. Sind wir damit nicht schon wieder beim immer Selben?

Nein, denn die Stagnation und das sehr beschränkte Verständnis von Frauenpolitik trifft auf bestens informierte und engagierte feministische Communitys. Das klingt doch nach einer Chance. Außerdem: Wir haben es nicht mehr mit demselben wie vor zehn Jahren zu tun, ganz und gar nicht. Der Einsatz lohnt sich, er muss sich einfach lohnen.

Elisabeth Cepek-Neuhauser

ist selbständige Supervisorin, Organisationsmediatorin, Triadische Karriereberaterin und Coach. Sie berät Führungskräfte und Mitarbeitende unterschiedlicher Branchen zu Themen der beruflichen Entwicklung und Zusammenarbeit. In ihrer Arbeit kommen Aufstellungsarbeit und andere kreative Techniken zum Einsatz. Davor langjährige auch leitende Tätigkeit in den Bereichen Projektmanagement und -entwicklung. U.a. in der feministischen Migrantinnenorganisation maiz, wo sie Projekte zu den Themenschwerpunkten Frauenmigration, Bildung und Politik mitkonzipierte und begleitete. Studium: Publizistik und Kommunikationswissenschaften/Fächer aus Politikwissenschaft, Romanistik. Sie arbeitet vorwiegend im Raum OÖ/Salzburg, seit 2019 auch in Wien bei Roswitha Riepl & Team. www.elisabeth-cepek.at

152   Elisabeth Cepek-Neuhausner

KARRIERE ANDERS DENKEN!
EINE EINLADUNG ZUM PERSPEKTIVENWECHSEL AM BEISPIEL DES VERFAHRENS
TRIADISCHE KARRIEREBERATUNG

Die Einladung, einen Beitrag zu einem Buch mit dem Titel *Female positions* zu schreiben, stellt mich vor eine anregende Herausforderung. Ich streife durch eigene berufs-biographische Erinnerungen, durch Themen und Erzählungen, die mir in meiner Tätigkeit als Beraterin von Menschen in beruflicher und professioneller Entwicklung begegnen. Meine Gedanken landen bei aktuellen Bildern in Zeiten der Pandemie. Bilder von gestrandeten Wanderarbeiter*innen in Asien, von ermüdeten Pflegekräften und Ärzt*innen weltweit, von Sonderzügen für 24-Stunden-Pflegekräfte nach Österreich, von geleerten Regalen in Supermärkten, von leeren Konzertsälen und öffentlichen Plätzen, von Menschen, die am Weg zur Arbeit beklatscht und von solchen, die ausgepfiffen wurden, von Menschen, die ihre Arbeit verloren haben, von profitierenden und von existenzbedrohten Branchen. Und es gab Bilder, die fehlten, Lücken und Risse.

Kann es gelingen, einen gesellschaftskritischen und zugleich stärkenden Beitrag zu verfassen? Ich will es versuchen, indem ich einige Aspekte meines Beratungsangebotes *Triadische Karriereberatung* skizziere und Anregungen für mögliche Schritte hin zu einer geschlechtergerechteren Arbeitswelt ableite. Es handelt sich um ein Verfahren, das von meinen Kund*innen als äußerst stärkend und unterstützend beschrieben wird, obwohl – oder vielleicht sogar, weil – sich dabei auch gesellschaftspolitisch relevante Bedarfe und Defizite zeigen. Es rückt den Aspekt *Karriere* in den Mittelpunkt, schafft neue Bilder dazu und ermächtigt, selbstbestimmt den beruflichen Weg zu gestalten. Das Besondere daran: Es geht nicht darum, sich den Anforderungen des Marktes passend zu machen, nicht den Weg der Selbstoptimierung zu gehen, sondern vielmehr nach neuen Wegen zu suchen. »Es ist wie ein Langzeitdünger«, hat es eine meiner Kund*innen auf den Punkt gebracht. Hierfür braucht es im ersten Schritt eine Verortung meiner Perspektive und Kontextualisierung.

DIE VIELFALT VOR AUGEN UND DIE SUCHE NACH EINEM »WIR«

Ist es legitim, von einem »Wir« zu sprechen? In Anbetracht der Vielfalt an sozialen, ökonomischen, biographischen Hintergründen, von sexuellen oder politischen Orientierungen und physischen, psychischen Gegebenheiten. Wen könnte ein strategisches »Wir« mit einschließen, wen ausschließen? Es braucht eine temporäre, zu einem bestimmten Zweck geteilte Identität, um kollektiv und politisch handlungsfähig zu bleiben (vgl. Kempf 2016). Darum entscheide ich mich, in diesem Artikel von »wir Frauen« zu sprechen, gleichwohl ich mir der damit verbundenen Problematik bewusst bin.[1]

Aber es ist mir wichtig, meine eigene gesellschaftliche Position zu benennen, mit der ich eine Verantwortung verbunden sehe. Ich spreche aus der Perspektive einer weißen, akademischen Frau, der von Geburt an Privilegien mitgegeben wurden. Als Mutter, die ihre Kinder in einer partnerschaftlichen und sich gegenseitig Halt gebenden Beziehung auf dem Weg ins Erwachsenwerden unterstützen durfte. Ich spreche aus der Perspektive einer Frau mit einer beruflichen Geschichte, die trotz alledem von Brüchen und existentiellen Herausforderungen begleitet ist. Und aus der Perspektive einer Beraterin, der viele auch frauenpolitische und sozial-gesellschaftliche Themen begegnen. Und weil mich diese Thematik sehr bewegt.

[1]   Ein in der feministischen Literatur viel besprochenes Thema: Wie können Geschlechterungerechtigkeiten angesprochen und frauenpolitische Forderungen entworfen werden, ohne dabei Gefahr zu laufen, Unterdrückung zu reproduzieren? Siehe dazu auch die Beiträge von Katja Fischer und Johanna Grubner in diesem Buch.

Von Widersprüchen und Ansprüchen

Diesem Text liegt eine Haltung zugrunde, die auch durch unterschiedliche berufliche Etappen geprägt wurde. Ich denke an die Mitarbeit in einer feministischen Selbstorganisation von und für Migrant*innen und die gemeinsamen Kämpfe für gesellschafts- und bildungspolitische Selbstbestimmung, Partizipation und Gleichberechtigung. An den Widerspruch von öffentlichen Ehrungen und Preisverleihungen – und den stetigen Kampf um Finanzierung. Es erinnert mich an hohe fachliche Ansprüche, an externe Kontrollen und harte Verhandlungen in männerdominierten[2] und konservativ geprägten politischen Landschaften. An die Herausforderungen, als weiße Frau in einem reflexiven rassismuskritischen Umfeld zu arbeiten. An das Bemühen, dichotome Konstruktionen zu hinterfragen, heteronormatives Denken wo möglich zu durchbrechen.

Als selbständige Beraterin[3] bewege ich mich in einer Branche, die aufgefordert ist, sich mit gesellschaftspolitischen Fragen auseinanderzusetzen. Der nachgesagt wird, dass sie, anstatt an einer Veränderung von ungleichen Verhältnissen und Machtstrukturen zu arbeiten, nur allzu oft das Ziel individueller Selbstoptimierung verfolgt. Kann es überhaupt gelingen, Menschen zu stärken und zu unterstützen, ohne dabei neoliberale Praktiken der Subjektivierung von gesellschaftspolitischen Themen zu bedienen?

Es ist eine verantwortungsvolle Tätigkeit, in der mir Einblicke in unterschiedlichste Berufe und Lebenswelten gewährt werden und in ihre Herausforderungen, die mit Strukturen, Hierarchien, Status und Machtverhältnissen in Verbindung stehen. Mir begegnen Berichte über persönliche und gesell-

---

2   Auch hier das Denken in Kategorien mit der Bitte um Verständnis aus genannten Gründen.

3   Ich fasse hier mit dem Begriff Beratung meine Tätigkeit als Supervisorin, Coach, Organisations-Mediatorin und Triadische Karriereberaterin zusammen.

schaftliche Ansprüche und Widersprüche, über existentielle Fragen, über Gesundheit, Krankheit und Schicksalsschläge, über Erfolge und Scheitern, über Entwicklungen und Veränderungen. Es sind bewegende, fröhliche, verzweifelte oder wütende Erzählungen von Menschen in diversen Branchen, Professionen und Funktionen. Frauen und Männer in ihren Rollen als Führungskräfte, Mitarbeitende. Von zielstrebigen Persönlichkeiten und von Menschen auf der Suche. Es geht um unterschiedlich bewertete, sichtbare und weniger sichtbare Tätigkeiten, um bezahlte und unbezahlte Arbeit. Um gesellschaftlich anerkannte und weniger anerkannte oder sogar stigmatisierte Professionen. Das Thema Fürsorge schwingt immer mit, mal mehr, mal weniger explizit. Häufig in Verbindung mit erlebten Herausforderungen, Balancen und Disbalancen, die sich vor allem für Frauen in diesem Zusammenhang stellen.

Und immer geht es um Professionen, Laufbahnen und Lebensgeschichten von Menschen und das dynamische Verhältnis dieser drei Ebenen, aus denen unser berufliches Erleben und Fortschreiten im Kontext gesellschaftspolitischer Strukturen entsteht.

DAS ERFORSCHEN DER INNEREN KARRIERE

Das Beratungsverfahren *Triadische Karriereberatung*[4] (Rappe-Giesecke 2008), welches ich hier vorstelle, erfasst die Komplexität unseres beruflichen Seins und von Prozessen der Karriereentwicklung mit ihren vielfältigen Ebenen. Es macht sie erlebbar und gestaltbar, ohne sie zu reduzieren oder zu individualisieren. Und ich beobachte, wie entlastend und aufschlussreich das Modell für Menschen auf der Suche nach beruflicher Veränderung ist.

4   Das Konzept zur *Triadischen Karriereberatung* wurde von Prof. Kornelia Rappe-Giesecke in langjähriger Forschungsarbeit und Lehrtätigkeit entwickelt. Für weitere Informationen dazu siehe: www.rappe-giesecke.at

Es ermöglicht, das eigene Bild von zufriedenstellender Arbeit zu erkennen, um sich in Bezug auf berufliche Entscheidungen daran orientieren zu können und es schließlich auch in die Welt zu bringen. Darüber hinaus sind die darin enthaltenen Reflexionsebenen und -fragen hilfreich, um sich selbst im Erleben der aktuellen beruflichen Situation und Funktion, aber auch in der Zusammenarbeit mit anderen besser zu verstehen.

Das Verständnis von Karriere im Verfahren der *Triadischen Karriereberatung*

Frage ich Kund*innen nach ihren Assoziationen zum Begriff »Karriere«[5], stößt dies häufig bei Frauen auf widersprüchliche Reaktionen. Von Aussagen totaler Ablehnung und Skepsis über Sehnsucht nach beruflichem Erfolg, nach Neu- oder Umgestaltung des Berufs- und Privatlebens, nach finanzieller Unabhängigkeit und Selbstbestimmung. Auch höre ich: »Karriere? Das ist für mich nicht drin.«

Tatsächlich wird der Begriff Karriere auf vielfältige Art verwendet und abhängig vom Fokus der wissenschaftlichen Disziplin mit unterschiedlichen Bedeutungen belegt. Verbreitete Ansätze der Karriereberatung knüpfen an das laufbahnbezogene Verständnis von Karriere an, das sich entweder auf bestimmte Berufsgruppen bezieht, eine Statuserhöhung innerhalb einer Institution, Berufsgruppe anstrebt oder im Sinne eines Zugewinnes von Entscheidungsmacht und Kapital verstanden wird. Mit einem zusätzlichen Fokus auf Lösungen bergen diese die Gefahr einer Individualisierung von Problemen, die von Strukturen ablenkt und in den gesellschaftlichen

5 »carrus« (lat.) bedeutet Wagen, »carrière« (franz.) Laufbahn. Der Begriff Karriere wird heute häufig für erfolgreichen Aufstieg im Beruf und für die berufliche Laufbahn verwendet. Vgl. https://www.dwds.de/wb/etymwb/Karriere (letzter Zugriff: 28.12.21)

Kanon der Selbstoptimierung mit einstimmt: »Du musst dich nur anstrengen! Alles ist möglich. Hab Mut!« Personalberatung und -Entwicklung fokussieren wiederum das *»Zusammenwirken von persönlichen und beruflichen Zielen und dem individuellen Profil auf der einen Seite mit den Rahmenbedingungen, die die jeweilige Organisation und der Markt setzen, auf der anderen Seite«* (Rappe-Giesecke 2008, S. 169). Psychologische Ansätze stellen die Person mit ihren Eigenschaften, Motiven, Schwächen und Stärken, die für potentielle Arbeitgeber*innen relevant sind, ins Zentrum der Aufmerksamkeit (ebd.).

In der *Triadischen Karriereberatung* geht es um einen ergebnisoffenen Prozess ohne rasche Lösung, aber mit dem Fokus auf Entwicklung und das innere Erleben – das innere Bild von Karriere (ebd.: S. 106). Um Phasen der Ungewissheit im Übergang auszuhalten, geben wir den Kund*innen gleich zu Beginn für diese Zeit u. a. folgenden Rat mit:

→ Suspendieren Sie Ihre Bewertung dieser Phase – wir arbeiten an einer Neubewertung.
→ Machen Sie sich nicht passend für (Stellen-) Angebote.
→ Schauen Sie im ersten Schritt auf sich, nicht auf Ihre Umwelt.
→ Seien Sie nicht zu schnell, halten Sie die Ungewissheit aus.

Aspekte der Triade und Prämierung

Der *Triadischen Karriereberatung* liegt ein dreidimensionales und prozessorientiertes Verständnis von Karriere zugrunde. Demnach ist Karriere *»… das emergente Produkt des Wechselspiels zwischen Lebensgeschichte, Laufbahn und professionellem Werdegang. Emergenz betont, dass man diese Phänomene nicht ›machen‹ kann, sondern dass sie in komplexen Wechselwirkungen entstehen«* (ebd.: S. 47). Neben diesem Karriereverständnis ist sowohl der Aspekt des *triadischen Denkens* als auch der *Emergenz* von zentraler Bedeutung (ebd.: S. 36, 140ff).

Damit ist gemeint, dass Karriere im Gegensatz zu einem linearen Verständnis und kognitiv gesteuerten Prozess aus allen drei immer simultan ablaufenden Prozessen »innerer und äußerer Gegebenheiten« erwächst. Je nachdem, wieviel Aufmerksamkeit die persönliche Lebensgeschichte der Person, die professionelle Entwicklung oder die berufliche Laufbahn erhält (oder erhalten muss), hat es immer Auswirkungen auf und Konsequenzen für die jeweils beiden anderen. Damit wird der persönlichen und globalen Begrenztheit an Ressourcen Rechnung getragen.[6] Seien es beispielsweise die persönliche Energie, die 24 Stunden des Tages, die Ressourcen unseres Planeten oder die unbekannte Dauer der eigenen Lebenszeit.[7]

Das innere Bild einer zufriedenstellenden Arbeit und das Bedürfnis zu ankern

In Anlehnung an das Karrierekonzept von Edgar H. Schein (Schein 1992, 2005) arbeiten wir mit der Unterscheidung zwischen *innerer* und *äußerer Karriere*. Ein – wie ich es in meiner Praxis erlebe – äußerst hilfreiches Konzept, das eine veränderte und wertschätzende Haltung zur eigenen beruflichen Weiterentwicklung ermöglicht. *Innere Karriere* meint die Vorstellung, die wir im Laufe unseres bisherigen Lebens von uns selbst und im Zusammenhang mit dem eigenen beruflichen Werdegang und Erfolg entwickelt haben. Durch Beobachtung, Erzählungen und eigene Erfahrungen beginnen wir bereits im frühen Kindesalter ein Bild davon zu entwickeln, was wir unter zufriedenstellender Arbeit verstehen. Die *innere Karriere* beschreibt dieses innere Bild einer für uns zufriedenstellenden Arbeit (Vgl. ebd.).

---

6   Rappe-Giesecke spricht vom »Axiom der begrenzten Ressourcen« (vgl. Rappe-Giesecke 2008, S. 40).

7   Um diese Dynamik zu veranschaulichen und erleben zu können, arbeiten wir in der Beratung – wie ich weiter unten darstellen werde – mit einem Seil.

Basierend auf seinen Erkenntnissen einer Langzeitstudie zu beruflichen Karriereverläufen hat *Schein* acht Kategorien zur beruflichen Grundorientierung (*Karriereanker*) beschrieben und einen Fragenkatalog und Interviewleitfaden entwickelt. Diese liefern eine erste persönliche Orientierung in Bezug auf die eigenen handlungsleitenden Wertebündel in wichtigen beruflichen Entscheidungssituationen. Über Aspekte, die uns von so großer Bedeutung geworden sind, dass wir nicht oder nur schwer bereit sind, auf diese zu verzichten.

In der *Triadischen Karriereberatung* wird das Bild der persönlichen *inneren Karriere* darüber hinaus auf den unterschiedlichen Ebenen der *Triade* (Rappe-Giesecke 2005) erforscht. Dazu gehört die Auseinandersetzung mit der eigenen Biographie und Sozialisation und den daraus entwickelten Wertehaltungen sowie die Berücksichtigung sämtlicher beruflicher und professioneller Erfahrungen und Neigungen.[8]

Die Kenntnis über die persönlichen Karriereanker und ihr Zusammenwirken oder Gegeneinanderwirken[9], das Wissen über die triadischen Wechselwirkungen und die Prämierungen, die wir in unterschiedlichen Lebensphasen getroffen haben und treffen können, helfen den Kund*innen, das persönliche Erleben besser zu verstehen, es zu kontextualisieren und Handlungsoptionen zu erarbeiten.

8   Das schließt z.B. auch gesellschaftspolitische Kontexte oder den Status unterschiedlicher Professionen mit ein.

9   Während nach Schein meist ein Anker handlungsleitend ist, fokussieren wir im Verfahren der *Triadischen Karriereberatung* das Zusammen- und Gegeneinanderwirken jener drei Anker, die in der Auswertung am stärksten ausgeprägt sind (vgl. Rappe-Giesecke 2008, S.182ff).

METHODISCHE BEISPIELE
AUS DEM VERFAHREN

Das Verfahren sieht drei obligatorische Programme vor: Werteanalyse, Biographie- und Karriereanalyse (berufliche Standortbestimmung) und Profilentwicklung. Diese werden je nach Beratungsanlass durch weitere fakultative Programme ergänzt: Rollenanalyse, Organisationsanalyse u.a. (vgl. Rappe-Giesecke: 2008, S.115ff). Darauf aufbauend werden Handlungsoptionen entwickelt und Strategien für den weiteren beruflichen Werdegang konkretisiert.

Zum besseren Verständnis möchte ich drei Schritte und Methoden im Verfahren der *Triadischen Karriereberatung* skizzieren, die Anregung und Impulse auch für Ihre persönliche Entwicklung geben können: Die Arbeit mit den *Karriereankern*, der *Triade* und dem *Berufsgenogramm*.

Was ist mir das Wichtigste im beruflichen Leben?

Im ersten Schritt werden die Kund*innen eingeladen, die eigenen *Karriereanker* mithilfe eines Fragebogens und Interviewleitfadens zu erheben (vgl. Schein 2005). Sie erforschen jene Aspekte, die ihren bisherigen beruflichen Entscheidungen zugrunde lagen, sowie mögliche Muster, die sich daraus erkennen lassen. Dabei geht es nicht darum, sich selbst einem Raster zuzuordnen, sondern sein Selbstkonzept[10] von Arbeit zu erforschen und mögliche Synergie- oder Spannungsfelder im Zusammenspiel der Bedürfnisse zu erkennen.

10   Rappe-Giesecke verweist in diesem Zusammenhang auf den, wie sie feststellt »sehr entlastenden Ansatz« von Herminia Ibarra, wonach es: »... nicht ein wahres Selbst [gibt], sondern zu verschiedenen Zeiten unterschiedliche Selbstvorstellungen« (Rappe-Giesecke 2008, S.316, 318).

Ich möchte an dieser Stelle Beispiele für beobachtete Wechselwirkungen und Fragestellungen meiner Kund*innen aus der Beratungspraxis bringen, um es besser verständlich zu machen:

↗ Mir ist die Spezialisierung in einem Fachgebiet von besonderer Bedeutung, ich brauche aber immer wieder neue Aufgaben, um mich nicht unterfordert zu fühlen. Das kann spannungsreich erlebt werden. Im Sinne von: Ich suche mir immer wieder neue Herausforderungen, leide aber darunter, dass ich mich fachlich nicht so vertiefen kann.

↗ Selbständige und unabhängige Arbeit sind mir besonders wichtig, gleichzeitig habe ich ein großes Bedürfnis nach Sicherheit und Beständigkeit. Gibt es ein Arbeitsumfeld, das mir das ermöglicht? Wie könnte es aussehen?

↗ Ich bin in einer Führungsfunktion. Es macht mir Freude zu gestalten, ich kann gut delegieren, ich vertraue auf die Fachlichkeit meiner Mitarbeitenden, aber sie fühlen sich von mir nicht ausreichend wertgeschätzt. Was ist mein Anteil daran?

Wir erforschen also: Was sind meine Bedürfnisse? Was brauche ich, damit sich diese Bedürfnisse nicht gegenseitig im Weg stehen? Wie könnte ein Arbeitsfeld aussehen, das mir das ermöglicht? Wie möchte ich Leitung erleben oder auch, wie möchte ich selber leiten? Wie sollte mein persönliches Umfeld gestaltet sein? Dabei ist nicht nur der Blick auf die positive Bewertung von Aspekten wichtig, sondern auch auf jene, die wir zu entwerten tendieren.[11] Welchen Aspekten gebe ich sehr wenig Achtung, was könnte darunter leiden?

Spannend im Zusammenhang mit der Geschlechterthematik sind Fragen wie: Warum gebe ich diesen Werten besondere Bedeutung? Sind es gesellschaftliche Erwartungen, denen ich gerecht werden will? Sind es Muster, die sich möglicherweise aus meinen Strategien im Umgang damit entwickelt haben? Sind es Werte, die sich in meiner Sozialisation begründen?

11   Rappe-Giesecke spricht in diesem Zusammenhang von Schattenankern (vgl. ebd.: S.186).

Möglichkeiten der Zukunft in der Gegenwart erspüren

In einem nächsten Schritt haben die Kund*innen die Möglichkeit, im Zuge eines kreativen Verfahrens die gegenwärtige berufliche Situation und mögliche Zukunft im wahrsten Sinne des Wortes zu ertasten.[12] Sie werden gebeten, ein Bild/eine Skulptur über den Istzustand und die Möglichkeiten der Zukunft mit Knetmasse zu kneten oder zu zeichnen. Ein intuitiver Vorgang, um sich ohne rationelle Beschränkung auf einen Prozess einzulassen und von den Bildern überraschen zu lassen, die sich ergeben. Begleitet durch Fragen wie: Was wird sichtbar? Wo gibt es Hoffnung und Kraft? Was gilt es vielleicht zu verabschieden? Was darf neu entstehen? Was sind harte Fakten, Tatsachen, die es gilt zu berücksichtigen? Welche Impulse tauchen auf?

Das entstandene Bild liefert erste Anregungen für Schritte einer Veränderung, sei es von Haltungen, Sichtweisen oder auch möglichen Handlungen. Ideen können im Bild gestalterisch dargestellt, wiederum betrachtet und besprochen werden. Nicht selten tauchen in diesen Bildern auch Aspekte des Umfelds und/oder von Personen auf, die es für die weitere berufliche Rollenentwicklung bräuchte.[13] Welches Umfeld könnte

12   Wir bezeichnen diese Phase in Anlehnung an C.O. Scharmer (2015) als »Presencing«. Der Begriff ist eine Wortschöpfung aus den englischen Begriffen *sensing* und *presence* und bezeichnet »… eine Bewegung, in der wir unserem Selbst aus einer entstehenden Zukunft heraus begegnen« (Scharmer, C.O. 2015 S.172).

13   J.L. Moreno, der Begründer des Psychodramas und der Soziometrie, beschreibt den Menschen als Rollenwesen und liefert mit seiner Rollentheorie hilfreiche Ansätze für die berufliche Rollenentwicklung, die sich nach Moreno u.a. in Interaktionszusammenhängen entwickelt und an »Komplementärrollen« gebunden ist. Ein/e Schauspieler*in braucht für ihre Rolle Zuschauer*innen, ein/e Lehrer*in Schüler*innen usw. (vgl. Ameln, F. & Kramer, J. 2014, S.168ff.).

förderlich sein? Wer könnte mich dabei unterstützen? Was möchte ich an Menschen um mich kommunizieren? In der Beratung von Frauen höre ich an dieser Stelle immer wieder den Wunsch nach einem Abschied von Selbstzweifeln, vom Perfektionismus oder von der Angst davor, nicht gut genug zu sein.

Raus aus alten Mustern mit Ressourcen im Gepäck: Berufsgenogramm

Häufig führen die ersten Erkenntnisse hin zu dem Bedürfnis – oder zur Sinnhaftigkeit – weitere vertiefende Erkundungen anzustellen. Dann biete ich die Erarbeitung eines Berufsgenogramms an. In Gesprächen mit Familienangehörigen wird unterschiedlichen Erfahrungen und Erzählungen nachgegangen, die auch über Generationen ihre Wirkung haben können. Wie zum Beispiel in Bezug auf die Vorstellung von beruflichem Erfolg und Misserfolg. Auf einem Blatt Papier werden die Generationen mit ihren Berufen, Talenten, Erfahrungen ... visualisiert. In einem nächsten Schritt wird das Bild reflektiert und mit dem eigenen beruflichen Erleben und den Entwicklungsbedürfnissen in Verbindung gebracht.

Für viele Frauen ist gerade diese Übung besonders spannend und erkenntnisreich. Vor allem Fragen wie: Welche Optionen hatten Frauen vorhergehender Generationen in meiner Familie? Was wurde von ihnen erwartet? Welche Rechte wurden ihnen zugestanden oder verwehrt? Welche Pflichten hatten sie zu erfüllen? Welche Freiheiten und Räume haben sie sich vielleicht erkämpft, welche Optionen möglicherweise aus existentiellen Gründen verwerfen müssen, welche Strategien entwickelt? Wie unterscheidet sich die eigene Situation von der meiner Vorfahren? Von welchen Mustern, Leitsätzen möchte ich mich verabschieden? Welche will ich stattdessen entwickeln?

Die Dynamik der Triade und die bewusste Prämierung

Für die strukturierte Erhebung der momentanen Situation nützen wir ein Endlosseil, das in drei Schlaufen gelegt, die drei Dimensionen des triadischen Denkens in Bezug auf Karriereverläufe symbolisiert: persönlicher Werdegang (Person), berufliche Laufbahn (Funktion) und professionelle Entwicklung (Profession). Die Kundin[14] wird gebeten, sich nacheinander in die einzelnen Schlaufen zu stellen und der Frage nachzugehen: Was sind in diesem Bereich momentan wichtige Themen? Durch die körperliche Wahrnehmung, das spontane Assoziieren und Sammeln von aktuell bedeutsamen Themen in Bezug auf die jeweilige Dimension entsteht eine umfangreiche Datensammlung. Die Inhalte werden in Stichworten auf Kärtchen festgehalten und in die betreffenden Schlaufen gelegt.

Als Nächstes folgt die *Prämierung*. Das heißt, durch die Art und Weise, wie das Seil am Boden gelegt wurde, können die einzelnen Schlaufen vergrößert und verkleinert werden. Mit der Größe der Schlaufen wird die Bedeutung sichtbar, die dem jeweiligen Bereich im Leben aktuell gegeben wird oder bis jetzt wurde. Die Vergrößerung eines Bereiches führt zugleich aber zur notwendigen Verkleinerung einer anderen Schlaufe. Begleitet durch die Fragen der Beraterin werden die gesammelten Daten geclustert und analysiert. Die Bedeutung der Prämierung kann durch ein nochmaliges Hineinstellen körperlich erfahren und sprachlich vertieft werden.

Folgt der Wunsch, hinsichtlich der Prämierung eine Veränderung im Leben einzuleiten, kann dies abermals durch veränderte Schlaufengrößen und ihre Verhältnisse zueinander symbolisch dargestellt, erforscht und analysiert werden. Dieser

14   Mit der *Triadischen Karriereberatung* wird eine Dienstleistung »erworben«, in der ein ganz konkretes Verfahren durchlaufen wird. Daher entscheide ich mich, von Kund*innen anstatt von Klient*innen zu sprechen.

Prozess kann so lange wiederholt und vertieft werden, bis ein Bild entsteht, aus dem realistische Optionen und Handlungsschritte für die weitere berufliche Zukunft abgeleitet werden können.

Von der Endlichkeit, überhöhten Erwartungen und notwendigen Strukturen

Dieser Schritt der Prämierung verdeutlicht das eigene bisherige berufliche Erleben und schafft eine Erleichterung über die Möglichkeiten, die sich durch eine bewusste Prämierungsänderung auftun. In dieser Auseinandersetzung werden zum einen erhöhte, oft unerfüllbare Erwartungen an uns selbst deutlich[15], zum anderen aber auch Lebensereignisse, die gewisse Prämierungen erfordern. Z.B. durch Fürsorgepflichten, Krankheit, geographische Veränderungen oder durch Migration. Es zeigen sich Spannungsfelder, die in enger Verbindung zu gesellschaftlichen Erwartungen, Normen und Rahmenbedingungen stehen oder eine Folge daraus sind. Um ein paar Beispiele zu bringen:

\ Der zeitliche Aufwand von Kinderbetreuung und die Zerrissenheit zwischen dem Wunsch nach Laufbahnentwicklung und/oder professioneller Weiterbildung, an die hohe zeitliche oder finanzielle Investitionen gekoppelt wären.

\ Frauen in männerdominierten Branchen, die auf einem patriarchalen Verständnis von Karriere aufbauen, in dem lebenszeitlich notwendige Flexibilität in Bezug auf Arbeitsstrukturen nicht einmal andiskutiert werden.

\ Das enge Korsett der beruflichen Beweglichkeit durch niedrige Bezahlung in vornehmlich von Frauen ausgeübten Tätigkeitsfeldern.

15   Häufig wird bedauert: »Schade, ich hätte gerne alle Bereiche vergrößert.« Oder: »Mir war nicht bewusst, wie sehr meine Aufmerksamkeit und Energie in diesem Bereich gefordert waren.«

Es wird sichtbar, dass es nicht darum gehen kann, auf allen Ebenen mehr zu leisten und noch höheren Erwartungen (seien es die eigenen oder die der anderen) zu entsprechen und dass eine Veränderung der Prämierung zum einen ein innerer selbstbestimmter und sehr ermächtigender Vorgang ist. In meiner Praxis zeigt sich zum anderen aber auch, dass dies für viele Frauen nicht im gleichen Ausmaß wie für Männer selbstbestimmt möglich ist. Häufig fehlt es an Strukturen, die im besten Falle erst geschaffen oder erkämpft werden müssen. Ich denke an unzureichende Kinderbetreuungsplätze im ländlichen Raum, an die ungleiche Verteilung von Fürsorgepflichten, an den Gender-Pay-Gap, an die Hierarchisierung von Berufen und damit einhergehende ungleiche Bezahlung.

Mit dem persönlichen Profil zum individuellen Erfolg

Der Prozess der Karriereberatung wird abgerundet durch stärkende Übungen zur Erhebung von Talenten, Neigungen, Ressourcen und zur Konkretisierung des Bildes eines idealen Arbeitsplatzes. Sämtliche Erkenntnisse[16] aus dem gesamten Prozess werden schließlich in ein persönliches Profil zusammengeführt. Die Kund∗innen werden gebeten, eine ganz persönliche Form der Präsentation vorzubereiten, die all das miteinschließt, was sie im Zuge des Verfahrens über sich, über ihre Erfahrungen und Bedürfnisse etc. erfahren und erarbeitet haben.

Dieses Profil ist die Basis für die weiteren Schritte auf dem Weg der persönlichen Karriere. Es zeigt auf: Was brauche ich, um mich beruflich erfolgreich zu fühlen? Wie will ich sichtbar werden? Was sollte ich zukünftig kommunizieren oder verändern? Wo könnte ich das finden? Welche Strategien und welche Haltung will ich für den Übergang entwickeln?

16   Im Zuge der Beratung entsteht eine umfangreiche Datensammlung, bestehend aus Fotos, Protokollen etc. Diese stehen für die abschließende Profilentwicklung zur Verfügung.

ANREGUNGEN UND IMPULSE

Das Verfahren der *Triadischen Karriereberatung* gibt mir bewegende Einblicke in unterschiedliche Berufsbiographien und ich erlebe die individuell stärkende Wirkung dieser Form der bewussten Auseinandersetzung mit Karriere. Im letzten Abschnitt will ich ein paar allgemeine Beobachtungen daraus vorstellen und Aspekte skizzieren, die aus meiner Sicht zu mehr Geschlechtergerechtigkeit in der Arbeitswelt und zur Förderung von Frauenkarrieren beitragen können.

Den Karrierebegriff neu befüllen

Der häufig verwendete Begriff »Karriereleiter« symbolisiert ein zweidimensionales »Nach – oben – Gelangen«, um ein ganz konkretes Ziel zu erreichen. Sich von diesem Bild von Karriere vorerst einmal zu lösen, kann sehr viel Druck nehmen. Karriere als Prozess zu sehen, der innerliche und äußerliche Komponenten enthält, weitet die Perspektive auf Karriere. Denn vielmehr haben wir es ja mit einem Prozess zu tun, der in unserem Leben durch bewusste und unbewusste Entscheidungen entsteht, in einem dreidimensionalen Kräfteverhältnis und Rahmen (wir denken an das Endlosseil) entwickelt und durch bewusste Prämierungen gestaltet werden kann. Diese Sicht wirkt erleichternd und öffnet Türen.

Anstatt den Begriff Karriere abzulehnen oder ihn zu entwerten, plädiere ich dafür, ihn uns als Frauen wieder bewusst anzueignen, ihm mit einer lustvoll-forschenden Haltung zu begegnen und mit eigenen Vorstellungen und Wertehaltungen zu befüllen. Nehmen wir uns das Recht auf eine persönliche Karriereplanung – so unterschiedlich sie sein mag – und treten wir dafür ein. Das beinhaltet auch ein mögliches Vorankommen im Sinne von mehr (und vor allem gleichberechtigtem) Einkommen und wirtschaftlicher Unabhängigkeit, mehr Einfluss und Verantwortung. Dieses Verständnis von Karriere schließt zudem alle Ebenen unseres Seins mit ein. Auch das Thema Care, im Sinne von Fürsorge füreinander, für uns selbst und für unsere Umwelt. Ein solches Verständnis von Karriere verdeutlicht die Vielfalt an möglichen Karriereverläufen. Und es kann ein Beitrag dazu sein, auf gesellschaftlicher Ebene Karriereverläufe anders zu bewerten.

Privates Glück und beruflicher Erfolg

Die Auswirkungen ungleicher Geschlechterverhältnisse und patriarchaler Vorstellungen von Familie auf die Karriereverläufe von Frauen sind im öffentlichen Diskurs angekommen. Auch durch sichtbare Folgen wie Altersarmut. Wenn es um Mutterschaft und Karriere geht, ist es für viele Frauen leider zusätzlich häufig mit Schuldgefühlen und Scham verbunden, privates Glück und beruflichen Erfolg nach ihren subjektiven Vorstellungen für sich zu beanspruchen. Sie sehen sich vor die Entscheidung gestellt: Kinder oder Karriere. Heidi Möller (2005) hat aus einer psychoanalytischen Betrachtung *Kompetenzscham* als einen möglichen Stolperstein in weiblichen Karrieren geprägt. Meine Erfahrung aus der *Triadischen Karriereberatung* ist, dass ein Blick auf die Generationen von Frauen und ihre Rollen hilfreich sein kann, sich von Ängsten und Glaubenssätzen zu verabschieden. Oft fehlen weibliche Modelle dafür, wie Karriere gelingen könnte. Stattdessen finden sich Modelle für Verzicht, Abhängigkeit und Bilder von lebenserfüllender Mutterschaft. Und es begegnet uns vor allem in ländlichen Regionen immer noch, dass Frauen, wenn sie sich beruflich zufrieden oder erfolgreich zeigen, von anderen Frauen und Männern dafür schiefe Blicke ernten – um es vorsichtig auszudrücken. Gegenseitige Unterstützung ist dann besonders gefragt und angesagt.

Zeigen, was wir wollen

Es ist ein wichtiger Entwicklungsschritt, sich selbst zu kennen. Zu wissen, was frau will, macht es möglich, sich zu zeigen und für sich einzufordern. Das bedeutet, die Ansprüche und Bedürfnisse auch anzumelden und in klarer Sprache zu kommunizieren, dabei sichtbar zu werden und nicht nur mit sich zu verhandeln. Es gilt darüber hinaus einen Umgang mit Ambivalenzen, Zuschreibungen und Selbstzweifeln zu finden, um sie nicht mit überzogenen Ansprüchen an Fachlichkeit, Attraktivität oder Leistung zu kompensieren – eine Fehlertoleranz zu entwickeln und uns als Frauen Macht einzugestehen und sie wahrzunehmen, zu nutzen und zu enttabuisieren. *»Sich zu besinnen auf Eigenmacht, die Potenz etwas für sich – und ggf. auch für andere – zu tun«,* selbst wenn es dabei darum geht, *»sich gegen die Erwartungen der Ursprungsfamilien zu stellen«* (Fildhaut 2020, S. 241). Im gemeinsamen Kampf um Geschlechtergerechtigkeit geht es auch darum, Zugänge zu Entscheidungspositionen zu nützen und zu beanspruchen, um in ethischer Verantwortung Rahmenbedingungen für die zu schaffen, die nicht über die gleichen Privilegien verfügen. Dafür braucht es Bündnisse, Koalitionen, Allianzen und Mitstreiter*innen (vgl. Kempf 2016, S. 77 / Fildhaut 2020, S. 224f / Möller 2005; S. 340 u.a.).

Und warum nicht: Care-iere?

Setzen wir uns triadisch mit Karriere auseinander, finden auch Care-Themen unweigerlich mehr Raum in der Reflexion. Fürsorge beansprucht Platz in unserer biographischen Entwicklung, hat Einfluss auf die Möglichkeiten der Professionalisierung und die Gestaltung von Laufbahnen. Das erlebe ich bei allen Klienten*innen und Kund*innen unabhängig von Geschlecht, Alter, Profession und Funktion. Das impliziert die Notwendigkeit, den Begriff Care in einem breiteren Verständnis zu denken: die Sorge füreinander, für einen selbst sowie für die Umwelt. Damit sind Tätigkeiten wie Reinigung,

Kinderbetreuung, Haushalt und viele andere miteingeschlossen. Care in allen gesellschaftspolitischen Feldern, in der Wirtschaft und den unterschiedlichen arbeitsbezogenen Kontexten mitzuberücksichtigen.[17]

Es funktioniert nicht, die Auseinandersetzung mit dem Thema Care auf die betreffenden Berufsfelder zu beschränken und auf bestimmte Plätze zu verweisen. Das zeigt sich gerade jetzt durch die pandemiebedingten gesellschaftlichen Veränderungen besonders stark. Durch geschlossene Bildungseinrichtungen, Homeoffice und Quarantänemaßnahmen vermischen sich die Bühnen unserer unterschiedlichen Lebenswelten noch mehr. Und das ist nicht mehr nur für Familien, Alleinerziehende, Pflegende, sondern auch für Unternehmen immer spürbarer. Wenn wir es mit einem Wortspiel wagen, könnte Careiere vielleicht sogar ein stimmiger Begriff dafür sein, wie Karrieren gedacht werden könnten.

Ganz aktuell zeigt sich: Es braucht Veränderung ...

Arbeitsmarkforscher*innen sind überrascht von dem Phänomen zahlreicher Kündigungen in den USA in Zeiten der Pandemie und sprechen von einer »Great Resignation« in der Arbeitswelt. Menschen kündigen, weil sich ihre Prioritäten verändert haben, sie mit den Folgen von Einsparungen in Unternehmen nicht einverstanden sind oder weil sie überlastet sind.[18] Auch wenn in Europa dieses Phänomen noch nicht in der Form beschrieben wird, zeichnet sich ein Wertewandel ab, der mit dem Bedarf und Wunsch nach einer besseren Vereinbarkeit von Beruf und Privatleben einhergeht.

17   Auf das Thema Fürsorge aus geopolitischer und -ökonomischer Perspektive und die weltweiten Zusammenhänge kann in diesem Beitrag aufgrund der Komplexität und des begrenzten Platzes leider nicht eingegangen werden.

18   Vgl.: https://de.euronews.com/next/2021/12/04/great-resignation-europe (letzter Zugriff: 10.01.2022)

Unternehmensleitbilder werden kritisch hinterfragt und genau geprüft. Firmen müssen sich zunehmend fragen, was sie tun können, um von Mitarbeitenden als fair empfunden zu werden. Soziale Themen und ökologische Verantwortung werden eingefordert[19], zugleich ist der Trend, nicht mehr als 30 Stunden pro Woche arbeiten zu wollen und zu können, bei Frauen und Männern gleichermaßen zu beobachten. Der Wunsch und der gesellschaftliche Bedarf, sich auf mehreren Ebenen, in mehreren Themenfeldern zu betätigen, sei es beruflich, ehrenamtlich oder privat, zieht sich durch alle Branchen und zunehmend auch durch alle Altersgruppen. Es reicht sichtlich nicht aus, den Bedürfnissen mit Angeboten zur Work-Life-Balance zu begegnen. Die Notwendigkeit von Fürsorge betrifft alle Ebenen von Unternehmen und stellt auch Führungskräfte vor große Herausforderungen. Fürsorgethemen (und Krankheit) sollten nicht aus der Arbeit verbannt werden, sondern als »…Teil des Lebens seinen Platz im funktionierenden Ganzen« finden (Fildhaut 2020, S. 226f).

… und neue Definitionen der Berufe in den Bereichen Pädagogik, Pflege und Soziales

Ich denke an dieser Stelle an die Landtagswahlen in Oberösterreich und an die für alle mit Gleichstellungsfragen befassten Menschen im wahrsten Sinne irritierend rückschrittlichen Wahl-Plakate im Herbst 2021. Zu sehen waren darauf männliche Selbstdarsteller (Stichwort: »Wie gut, dass wir ihn haben«), die mit Attributen wie Leistung, Visionen, Hausverstand und Sicherheit staatstragende Verantwortung und Kompetenz signalisieren sollten. Zu den Themen Bildung und Pflege sahen wir Frauen, umgeben von Kindern in sichtlich liebevoller Hingabe und versehen mit den Attributen Liebe, Zeit und Geld. Welche Bilder werden hier zu Tätigkeitsfeldern vermittelt, in

19   Vgl. Bauer: 2021. In: Der Standard vom 6./7.11.21, S. 12, 13.

denen hohe fachliche Professionalität, große Verantwortung und Selbständigkeit gefordert sind? Ja, es braucht in diesem frauendominierten Berufsfeld faire Arbeitsbedingungen und Bezahlung, eine entsprechende Finanzierung aus öffentlicher Hand, ausreichende Personalschlüssel. Aber es geht auch um Sichtbarmachen von Professionalität. Das gilt ebenso für all die unsichtbar gemachten Arbeitskräfte, die häufig in äußerst prekären und schlecht bezahlten Arbeitsverhältnissen mit ihrer Tätigkeit Strukturen erhalten, putzen und pflegen. Mehr Transparenz in Bezug auf die Bezahlung von Arbeit wäre aus meiner Sicht ein weiterer wichtiger Schritt.

»So weit sind wir gekommen...«

Gerne hätte ich den Bogen dieses Textes noch weiter gespannt: Zur Thematik von Frauen in weniger privilegierten Verhältnissen. Deren Erwerbsarbeit weder ausreichend finanzielle Grundlage für ihren Alltag bietet noch in gesicherten Anstellungsverhältnissen verankert wird. Denen Angebote wie das einer Triadischen Karriereberatung schwer zugänglich sind. Oder auch, um den Nutzen der *Triadischen Karriereberatung* für Unternehmen aufzuzeigen, den dieses Verfahren z.B. im Rahmen von Onboarding-Prozessen oder zur Stärkung von Mitarbeiter*innenbindung und Förderung darstellen kann.

Eine meiner Ausbildnerinnen[20] hat die Einheiten gerne mit dem Satz beendet: »So weit sind wir gekommen.« Er hat uns Lernende immer wieder aufs Neue erheitert und erleichtert. Der Satz gab nicht vor, alles Wesentliche an- und besprochen zu haben, aber es gab Auseinandersetzung, Impulse, Entwicklungen. In diesem Sinne möchte ich dazu beitragen, den Begriff »Karriere« zu hinterfragen und neu zu denken. Gleichzeitig verstehe ich meinen Aufsatz als Appell an die Politik, ein

173   Karriere anders denken!

20   Anmerkung: Prof.in Jutta Menschik-Bendele
https://de.wikipedia.org/wiki/Jutta_Menschik

Rahmenwerk zu schaffen, das es allen Geschlechtern ermöglicht, gleichberechtigt ihren Karriereweg zu gehen. Für ein erfülltes individuelles Berufsleben und in erweitertem Sinn zum Wohle aller.

Ich bedanke mich darüber hinaus bei meiner Freundin und Kollegin Elisabeth Fuchß für den fachlichen Austausch und ihre ermutigende Unterstützung beim Schreiben dieses Beitrages, bei Sylvia Petz und den Kolleg*innen dieses Projektes für ihr wertschätzendes Feedback sowie bei allen Kund*innen für die vertrauensvolle Zusammenarbeit.

Literatur

Ameln, F./Kramer, J. (2014): *Psychodrama Grundlagen.* Berlin, Springer, 3. Aufl.

Bauer, Karin (2021, 6. November): Great Resignation. So wollen sie nicht mehr arbeiten. In: *Der Standard*, vom 6./7. 11.21, S. 12/13.

Fildhaut, Brigitta (2020): Führen: Frustqual und Freudenquell – Entscheidungswege von Frauen, die mit ihrer Führungsrolle hadern. In: Fildhaut, Happich, Höher, Kiggen, Messerschmidt, Reinhardt, Seewald (2020): *Führungsfrauen im Blick. Führung im Wandel.* Gewelsberg, EHP Verlag. S. 211-258.

Möller, Heidi (2005): Stolpersteine weiblicher Karrieren. Was Frauen hindert erfolgreich zu sein. In: *Organisationsberatung – Supervision – Coaching*, Heft 4/2005, S. 333-343.

Kempf, Annegret (2016): *Frauenförderung und strategischer Essentialismus. Eine Analyse im Spannungsfeld von theoretischem Anspruch und politischer Praxis.* Freiburger Zeitschrift für Geschlechterstudien 22/1: 65-80. Budrich Unipress, 10.3224/fzg.v22i1 2016. file:///C:/Users/ELISAB~1/AppData/Local/Temp/27327-28573-1-PB.pdf (letzter Zugriff: 03.01.2022)

Rappe-Giesecke, Kornelia (2008): *Triadische Karriereberatung. Die Begleitung von Professionals, Führungskräften und Selbständigen.* Bergisch Gladbach, EHP Verlag.

Scharmer, Claus Otto (2015): *Theorie U – Von der Zukunft her führen – Presencing als soziale Technik.* Heidelberg, Carl-Auer Verlag, 4. Aufl.

Schein, Edgar (2005): *Karriereanker. Die verborgenen Muster Ihrer beruflichen Entwicklung.* Lanzenberger, Looss und Stadelmann, Darmstadt 2005, 10. Aufl.

Tanja Brandmayr

Zu Beginn Ausbildung Tanz, danach Studium Soziologie. Erweiterung der künstlerischen Beschäftigung auf andere Sparten, Medien und Formate. Arbeitet seit vielen Jahren und in unterschiedlichen Zusammenhängen mit Text, Medien und Kunst. Zunehmend kontextbezogene Kunst- und Researchprojekte. Seit 2014 Mitarbeiterin der Linzer *Stadtwerkstatt*; dort im Bereich der *New Art Contexts* mit eigener Research-Schiene *Quasikunst*. Seit 2016 im Leitungsteam der STWST, seit 2020 Vorsitzende. Autorin kultur-journalistischer Texte, (Mit)-Arbeit an Publikationen. (Mit)-Herausgeberin und Redakteurin der Kunst- und Kulturzeitung *Die Referentin* und der Stadtwerkstatt-Zeitung *Versorgerin*. Diverse Projekt-Kooperationen, kulturpolitische Aktivitäten. Aktuell Mitglied des Linzer Stadtkultur-beirates. http://brandjung.servus.at/content/werkschau

Aktuell arbeite ich mit Kolleginnen an zwei Projekten, die die Sichtbarkeit von Frauen thematisieren. Es sind Publikations- bzw. Dokumentarfilmvorhaben, die Frauen als diejenigen Akteurinnen darstellen, die sie selbstverständlich sind und waren: Ein Vorhaben nimmt Erika Gangl in den Blick, Tänzerin und Choreographin in Linz, die ab den 1960er und 70er Jahren in Linz eine Avantgarde wesentlich verankert und vermittelt hat – mit und gegen die Strömungen der Zeit. Das andere sind die Frauen der Stadtwerkstatt, die ab den 1980er Jahren in Linz in einem aktivistisch-aktionistischen Kunst- und Kulturfeld kräftig mit umgerührt haben, dennoch aber ›nach Vorne‹ oder ›nach Außen‹ hin unterrepräsentiert blieben. Interessant dabei ist, dass in beiden Bereichen gegen die post-autoritäre Gesellschaft und gegen verkrustete Strukturen der Zeit angekämpft wurde. Und noch interessanter, dass sich eine nachhaltige Sichtbarkeit von Frauen nicht vermittelt hat, oder dass sich Verhältnisse, Gleichberechtigung und Selbst-bestimmung, das ist jetzt ein bitter-feiner Zynismus, auch in diesen Sphären nicht von selbst hergestellt haben – sondern erkämpft werden mussten und müssen.

Was ist nun dieser Kampf? Als Frau stolpert man fast zwangs-weise über Diskriminierung und das ganze Potpourri an selbstverständlicher Dominanz des gesellschaftlich geprägten Geschlechterkonstrukts. Die Linie zwischen den Individuen der biologischen Männer und Frauen zu ziehen, ist dabei unzu-länglich. Das lehrt die eigene Erfahrung und auch der wis-senschaftliche Diskurs, der zwei Geschlechter ja schon längst verlassen hat: In gewisser Weise ist es ja heutzutage ein Anachronismus, von Männern und Frauen zu sprechen. Aber, trotz aller nicht-heteronormativen Realität bzw diesen Ge-schlechterkonstruktionen: Es gibt bis heute Gewalt gegen Frauen, geringere Sichtbarkeit, schlechtere Karriereaussichten, größere Armutsgefährdung, den Equal Pay Day und so weiter und so weiter.

Ich selbst habe eine Art Leitsatz in bell hooks *Feminism is for everybody* gefunden. Ihre Theorie eines Zusammenwirkens von Mehrfachdiskriminierung aus Geschlecht, Rasse und Klasse ist bahnbrechend. Die Erkenntnis einer unsichtbaren, weil selbstverständlich und intersektional wirkenden Diskriminierung erschütternd. In diesem Zusammenhang soll gesagt werden: Die historischen und globalen Ungerechtigkeiten gegenüber Frauen, aber auch gegenüber Arbeiterinnen und Arbeitern, gegenüber den kolonialisierten Ländern und ihrer Menschen sind unpackbar. Sie wirken seit Jahrhunderten und in drastischer Weise bis heute fort, gerade in ihrer übergreifenden, umfassenden Weise. Eine Überwindung von Unterdrückung muss deshalb immer größer gedacht werden. Immer größer und perspektivisch umfangreicher, als man sich das vorstellen kann. Weswegen ich einerseits dankbar bin, exemplarisch, auch aus meinen derzeitigen Arbeitszusammenhängen erwähnt, über eine Veranstaltung wie »Unruly Thoughts« zu erfahren, die als aktuell gelaufenen Veranstaltung eines Feminismus aus Afrika die eurozentristische Perspektive zu verschieben weiß. Andererseits denke ich, dass die Aufräumarbeiten auf unserem Planeten ein beinahe utopisch unbewältigbarer intersektionaler Mess sind – von Unterdrückung, Ausbeutung, sozialer Ungerechtigkeit bis hin zur Gewalt, die dem Planeten angetan wird. Der Zusammenhang von Feminismus und Ökologie kann hier durchaus als weiteres Feld eines Feminismus bzw. eines Ökofeminismus gesehen werden. In dem Sinn kommt für mich Hoffnung durch Menschen, egal welchen Geschlechts, welcher Rasse und – sagen wir hier vorbehaltlich auch – Klasse, die diese utopische Notwendigkeit des größeren Ganzen verstehen. Und wieder etwas bitter-sweet gesagt: Es werden so viele mannigfache Krisen auf uns zukommen, dass den Frauen ihre Rollen zugestanden werden müssen. Denn dass Frauen ihre Rollen immer bekommen haben, wenn es darum ging, den Karren aus dem Dreck zu ziehen, das wissen wir von der russischen Revolution über die Trümmerfrauen bis hin zur täglichen Fürsorgearbeit.

Katja Fischer

Nach dem Studium der Kunstgeschichte an der Uni Wien und der Betriebswirtschaft an der WU Wien. Zunächst einjährige freiberufliche Tätigkeit im Filmbereich (Fischer Film/Sponsoring, Product Placement). Danach mehrjährige Agenturtätigkeit als Key Account (MMS Werbeagentur 1998–2007). Weiterbildung im Bereich des Kulturmanagements am International Centre for Culture and Management (ICCM) in Salzburg. 2007–2010 Geburt der beiden Kinder und Familienauszeit. 2011 Bildungskarenz und Beginn Studium Wirtschaftspädagogik. 2013–2017 Projektleitung Universitätslehrgang »MBA Management & Leadership für Frauen« (JKU/VHS Linz). Seit 2017 Fachbereichsleitung »Gesellschaft-Politik« an der Volkshochschule Linz. Stellvertretende Leitung VHS Linz.

VOM REDEN INS TUN KOMMEN
ÜBER FEMINISTISCHE SOLIDARITÄT, FRAUEN*STREIKS UND DIE NOTWENDIGKEIT EMANZIPATORISCHER FRAUENBILDUNG

Jahr für Jahr konzipiere und gestalte ich in der politischen Erwachsenenbildung Vorträge, Gesprächsgruppen und Seminare zu Frauenfragen. Wir diskutieren – zumeist in kleinen, geschlechtshomogenen Gruppen – über Rollenbilder, Gender Gaps, mutige Frauen, zunehmende Ungleichheiten. Wir öffnen Räume für Begegnung und Vernetzung, schaffen Bewusstsein für Diskriminierung und diskutieren Wege zu deren Überwindung. Gemeinsam feiern wir den Frauen*tag, protestieren für unsere Anliegen und dennoch scheint sich realpolitisch nicht wirklich viel zu ändern. Im Gegenteil – der Zug der Frauen*rechte bewegt sich nach hinten und von Zeit zu Zeit macht sich bei mir Unbehagen breit. Unbehagen über nach wie vor bestehende Ungleichheiten, mangelnde Gestaltungsmöglichkeiten, aber auch der Wunsch, mehr zu tun.

Und dann stelle ich mir angesichts der sich kaum bewegenden frauen*politischen Situation die Frage: Sollte ich mich, sollten Frauen* sich nicht mehr empören, sich mehr einmischen, um mitzureden und mitzugestalten? Aber wie sichtbar, wie sichtbarer werden? Sollten Frauen* dem Backlash in Sachen Frauen*rechte nicht Solidarität entgegensetzen und gemeinsam für mehr Geschlechtergerechtigkeit, für eine Verbesserung der Lebenssituation aller Frauen* weltweit eintreten? Aber wie sich angesichts aller Unterschiedlichkeiten und diversen Lebensumstände vereinen? Wie von der Theorie zur Handlungsfähigkeit gelangen? Wie mobilisieren und gemeinsam sichtbar(er) werden? Und was kann oder sollte eine emanzipatorische Frauen*bildung tun, um mehr zur Ermächtigung, zu Teilhabe und damit zur gesellschaftlichen Veränderung beizutragen? Darüber möchte ich in diesem Text nachdenken.

FRAUEN∗POLITIK ZWISCHEN
STILLSTAND UND BEWEGUNG

T-Shirts mit feministischen Schriftzügen, ein Online-Möbel-haus, das seine neue Kollektion mit »Feminismus ist chic« anpreist, oder Stars, die Frauen∗power preisen und sich als Feministinnen inszenieren. Der »weiße«[1] Feminismus scheint im Mainstream angekommen zu sein. Zu Recht fragt Beate Hausbichler gleich zu Beginn ihres Buchs »Der verkaufte Feminismus« (Hausbichler 2021, S.11): »Was ist mit dieser so lange verpönten politischen Bewegung passiert? Wann wurde Feminismus zu Everybody's Darling?« Und sie beschreibt auf den folgenden Seiten, wie Feminismus im Zeitalter des Neo-liberalismus zu einem profitablen »Label mit politischem Touch« wurde. Ein Label, das – jeglicher politischen Kraft be-raubt – Selbstoptimierung anstrebt anstelle des Eintretens für frauen∗politische Ziele.

An der weltweiten strukturellen Benachteiligung von Frauen∗ hat sich trotz dieses vermeintlichen »Hypes« nichts geändert: Frauen sind nach wie vor stärker von Prekariat, Arbeitslosig-keit und Altersarmut betroffen. Sie leisten einen Großteil der unbezahlten Care- und Pflegearbeit. Die Zahl der Femizide

1   »White Feminism« bezeichnet einen liberalen Feminismus, der Frauen∗ der oberen Mittelschicht und ihr Streben nach Selbstoptimierung und Selbstverwirklichung in den Vorder-grund stellt. Diese Form des Feminismus kümmert sich nicht um Fragen von (zugeschriebener) Herkunft und/oder Klasse, ignoriert Mehrfachunterdrückung von Minderheiten und reproduziert unbewusst Ungleichheiten. Mit »white« ist dabei nicht die Hautfarbe gemeint, vielmehr geht es um die Zu-gehörigkeit zu einer Gruppierung. Entscheidend ist, ob ein Mensch Rassismus erfährt oder nicht. Der Begriff wurde ursprünglich von schwarzen Frauen∗ und Women of Color benutzt, um Rassismus innerhalb der feministischen Bewegung zu thematisieren.

steigt und antifeministische Rhetorik scheint vielerorts, vor allem im Netz, wieder salonfähig zu werden. Hate Speech, abwertende und diskriminierende Botschaften über Frauen∗, Stereotype – im Zuge der sich ausbreitenden rechtspopulistischen Bewegungen ist der Antifeminismus über Internet-Foren in neuer Form zurückgekehrt. (Kerchner 2017, S.160) Auch auf der politischen Ebene scheint Stillstand eingetreten zu sein. 2016 initiierte eine Gruppe engagierter Frauen∗ rund um das Frauen∗netzwerk Sorority das Frauen∗volksbegehren 2.0. Es wurde 2018 von einer halben Million Menschen unterschrieben. Bislang wurde keine einzige der Forderungen vom Parlament umgesetzt oder beschlossen (www.frauenvolksbegehren.at).

Ein politischer Wille, etwas an der aktuellen Situation von Frauen∗ zu ändern, scheint – zumindest in Österreich – nicht in Sicht. Dass das Eintreten für die Gleichstellung der Geschlechter gegenüber den 1970er und 1980er – Jahren im Zuge der neoliberalen Umgestaltung von Politik und Gesellschaft an politischer Bedeutung eingebüßt hat, ortet auch Eva Kreisky (Kreisky 2013, S.275f.). Die Frauen∗frage werde »in einem relativ engen Netz von Expertinnen verhandelt und verwaltet, genau genommen fernab alltäglicher Erfahrungs- und Erlebnissphären der Mehrzahl an Frauen∗«. Gleichzeitig blickt sie aber auch positiv in die Zukunft. Frauen∗ hätten sich nicht vollständig entpolitisiert. Sie engagieren sich in sozialen, ökonomischen, ökologischen, friedenspolitischen, antirassistischen und antisexistischen Protestbewegungen. Milieus, die sich auch mit der Frauen∗- und Geschlechterfrage aktiv auseinandersetzen.

FRAUEN∗ SOLIDARISIERT EUCH
GEMEINSAMKEIT TROTZ DIFFERENZ

»Wenn dem Backlash etwas entgegengesetzt werden kann, dann ist es Solidarität«, schreibt Jana Prosinger, Referentin für internationale Geschlechterpolitik und LGBTI der Heinrich Böll Stiftung (2019) zum bestehenden Rückwärtstrend im Feminismus. Aber wie solidarisch sein in einer Zeit gesellschaftlicher (Um)brüche und demokratischer Erosionen, in der die Gesellschaft mehr auseinanderzubrechen als zusammenzuhalten droht? Wie zusammenfinden, angesichts sozialer Ungleichheiten und der Diversität feministischer Bewegungen, Identitäten, Lebensrealitäten sowie sexueller und politischer Orientierungen?

Feministische Solidarität sollte immer auch eine übergreifende, intersektionale Solidarität sein. Aber wie lassen sich Schnittmengen finden? Wie ein Weg, der für alle begehbar ist?

Die Idee und Praxis der Solidarität unter Frauen* war und ist nicht unumstritten und prägt seit Jahrzehnten feministische Auseinandersetzungen. So gibt es nicht die eine feministische Theorie, die eine Bewegung, das eine gemeinsame feministische »Wir«. Feminismus ist vielfältig, in seinen Theorien, Orientierungen, Problemlagen und politischen Forderungen (Pöge/Franke/Mozygemba/Ritter/Venohr, S. 21 f.). Zudem sind auch Feministinnen aufgrund unterschiedlicher Klassenprivilegien, Religionszugehörigkeiten, Nationalitäten, Rasse, Ethnizitäten und Sexualität gespalten. Hatte der Begriff der Solidarität in den 1970er und 1980er-Jahren im Sinne von Eins-Sein und Verschwisterung eine große kampf- und bewegungspolitische Popularität, wurde er in den 1990er- Jahren durch den Begriff der Identitätspolitik verdrängt. Wichterich (2009) sieht darin das Kerndilemma globaler Frauen*solidarisierung: Wenn sich Solidarität durch das Engagement für gemeinsame Interessen definiert. Welche Interessen haben Frauen* transnational gemeinsam? Und wenn das Ziel von Solidarität die Herstellung eines kollektiven politischen Subjekts und daraus resultierender kollektiver Handlungsfähigkeit ist, welche kollektive Identität der Frauen*internationale ist dann ihr Fundament? Bargetz, Scheele, Schneider (2021, S. 4) plädieren für ein Verständnis von Solidarität als »Commitment und Verbundenheit in Differenz«. Ein solches Verständnis basiert nicht auf Einheit, sondern Pluralität. Basis ist nicht die gemeinsame

Katja Fischer

Identität oder die geteilte Erfahrung. Vielmehr wird Solidarität als ein »Ringen um das Gemeinsame« begriffen. Damit erweitert sich der Blick auf Solidarität als dynamischer Prozess. Dabei ist es wichtig, Differenzen nicht zu beseitigen, sondern als »Möglichkeitsräume für Koalitionen und Solidaritäten über Grenzen hinweg« zu sehen. Solidarität ist in diesem Sinne nicht statisch, sondern formiert sich kontinuierlich in unterschiedlichen Allianzen.

»Angesichts der unterschiedlichen feministischen Strömungen und Spaltungen ist es wichtig, Gemeinsamkeiten zu erkennen und eine Basis für einen gemeinsamen Kampf zu schaffen«, betont auch die emeritierte Professorin für politische Philosophie und feministische Aktivistin Silvia Federici. (2020) Wesentliche Voraussetzung für neue feministische Bündnisse sind dabei Offenheit, die Bereitschaft, über die eigenen Milieus hinauszudenken, sich untereinander zu vernetzen sowie auch Gespräche mit jenen zu führen, die sich anders positionieren (Neusüss 2017, S.173).

Unterschiedlichkeit stellt somit ein Potenzial für Bündnisse und Solidaritäten. Anstatt sich an gemeinsamen Identitäten zu orientieren und zu formieren, bauen Bündnisse eines neuen Feminismus auf politischen Einsichten auf. Sie können sich auf vielfältige Weise formieren und situativ artikulieren. (Ernst 2011, S.6). Auch nach Wichterich (2000) sind internationale feministische Bewegungen zu Beginn des 21. Jahrhunderts »durch ein Geflecht großer und kleiner Koalitionen, transnational vernetzte, synergetische Handlungsstränge, dezentrale, komplementäre Aktionen und strategische Allianzen lokaler, nationaler und internationaler Frauen*organisationen entlang multipler feministischer Interessen und Positionen« bestimmt.

Im Streben nach einem »politischen Feminismus für eine bessere Zukunft« sollte sich nach Kauppert und Kerner (2016, S.7) der politische Feminismus, um auch zukünftige Generationen anzusprechen, mit Bewegungen verbünden, die regional, national, aber auch global für soziale Gerechtigkeit eintreten. Eine Forderung, die Nancy Fraser, Tithi Bhattacharya und Cinzia Arruza mit ihrem Manifest »Feminismus für die 99%« aufgreifen. Sie erweitern den Kreis möglicher Bündnispartner*innen und plädieren für einen Feminismus der Vielen (99%), der für all jene eintritt »die ausgebeutet, beherrscht und unterdrückt werden« (2019, S. 24f.) Dieser »antikapitalistische Feminismus« beschränkt sich nicht nur auf die Beseitigung geschlechtsspezifischer Ungleichheiten, sondern wendet sich gegen Ausbeutung und Unterdrückung generell. Ziel ist ein tiefgreifender gesellschaftlicher Wandel.

FRAUEN*STREIKS ALS POLITISCHES INSTRUMENT DER MOBILISIERUNG

Organisierung braucht (öffentlichen) Raum, um politischen Wandel zu erzielen. Raum, um einander zu treffen, miteinander in Austausch zu treten, sich gemeinsam zu empören, sichtbar zu werden und um auch als Frauen* selbst Raum zu ergreifen und zu besetzen (Binder 2010, S. 28f.). Eine mögliche Art, diesen Raum für sich in Anspruch zu nehmen, sind feministische Streiks. Silvia Federici (2020) plädiert für Streiks als Werkzeug einer gemeinsamen Aktion. Unterschiedliche Frauen* und feministische Gruppen, die sonst getrennt agieren, treten miteinander in Dialog, um eine gemeinsame Basis zu finden. Von Bedeutung ist für Federici dabei auch die Organisation des Prozesses, insofern als Frauen* zusammengebracht werden, um gemeinsam ihre Anliegen und Forderungen auszuverhandeln und sich darüber zu verständigen, ob und wie gestreikt wird.

Dass Frauen* dabei sind, öffentliche Räume wie die Straße oder das Internet als Ort politischen Handelns zu erobern, zeigen die weltweit ins Leben gerufenen Frauen*streiks der letzten Jahre. Dabei geht der Frauen*streik über Formen des reinen Protestierens hinaus: Die Arbeit niederlegen, sie transformieren und mit Aktionsformen experimentieren ist der Anspruch. Und auch inhaltlich sind Frauen∗streiks breit aufgestellt, insofern als sie eine Vielzahl an Themen umfassen, die alle Lebensbereiche von Frauen∗ miteinbeziehen. Damit sind Frauen∗streiks auch politische, soziale und ökonomische Proteste (Knittler/Leder, 2019).

Mittlerweile hat sich die feministische Streikbewegung auf mehr als fünfzig Länder ausgeweitet. Folgerichtig spricht der Sammelband »8 M – Der große feministische Streik « (2018) von einer »transnationalen Bewegungswelle«. Was mit der »NiUna-Menos« – Bewegung 2015 in Argentinien und dem Protest gegen Femizide und Gewalt ihren Anfang nahm, führte zu transnationalen, feministischen Streiks und solidarischen Protesten in anderen lateinamerikanischen Ländern, wobei sich die Proteste zunehmend gegen alle Formen geschlechtsspezifischer Gewalt und Diskriminierung richteten (Lorey 2018, S. 9 f.). Wie stark feministische Mobilisierung sein kann, zeigte auch der am 21. Jänner 2017 stattfindende Womens's March in den USA. In zahlreichen Städten der USA und auf anderen Kontinenten gingen Millionen Menschen auf die Straße. Sie protestieren dabei nicht alleine gegen US-Präsident Trump und seine Politik, sondern auch gegen strukturellen Sexismus und Ungleichheit. Daran anknüpfend wurde am 8. März 2017 der »Day without women« begangen. Prominente Feministinnen wie Nancy Fraser und Angela Davis hatten global für einen Streik des »feminism for the 99 %«[2] mobilisiert und dazu aufgerufen, am Internationalen Frauen∗tag weltweit zu streiken und sowohl Lohn- als auch Fürsorgearbeit niederzulegen. Dass die Frauen∗streikbewegung auch in Europa erfolgreich ist, zeigen der Generalstreik für die Gleichberechtigung von Frauen∗ in Spanien im März 2018, der Frauen∗-

2   »Feminism for the 99 %« beschränkt sich nicht auf traditionell definierte Frauen∗themen. Er vertritt die Sache aller, die beherrscht, unterdrückt und ausgebeutet werden.

streik in der Schweiz mit mehr als einer halben Millionen Teilnehmer*innen und der 2016 in Polen stattfindende »Schwarze Montag«, dem erfolgreichen Protest der Polinnen gegen das Abtreibungsverbot (Susemichel, 2020).

Der feministische Streiktag, der inzwischen in vielen Ländern zum 8. März begangen wird, verknüpft seither feministische Forderungen mit anderen Kämpfen. Auch 2022 rufen feministische Organisationen anlässlich des Weltfrauen*tages wieder zum solidarischen Frauen*streik auf (www.frauenstreik.org). Dass es dabei für viele Frauen* aufgrund ihrer Lebensumstände nicht leicht oder möglich ist, »alle Räder still stehen zu lassen«, ist den Organisator*innen der Frauen*streiks bewusst. Im Wissen um diese Hürden finden sich bei den Streikaufrufen Anregungen für unterschiedliche Aktionsformen im öffentlichen Raum, mit denen auf Missstände aufmerksam gemacht und Sichtbarkeit erzeugt werden kann. Man kann aber auch, so Silvia Federici (2020), »etwas tun, das Frauen* zusammenbringt, das den Arbeitsalltag, den man kennt, unterbricht und diese Arbeit politisch betrachtet – das heißt, im Hinblick darauf betrachtet, wie wir sie verändern können.«

VON DER NOTWENDIGKEIT EMANZIPATORISCHER FRAUEN*BILDUNG

Kritisch emanzipatorische Bildung spielt bei gesellschaftlichen Veränderungen eine wesentliche Rolle, insofern als sie Gesellschaft als Ganzes in den Blick nimmt und Machtverhältnisse thematisiert und kritisiert. Sich seiner eigenen Situation bewusst zu werden, diese kritisch zu reflektieren, in gesellschaftliche Machtverhältnisse einzuordnen und damit Veränderungsprozesse in Gang zu setzen, ist eine Frage emanzipatorischer Bildung. Wie aber kann emanzipatorische Erwachsenenbildung dazu beitragen, Frauen* zu ermächtigen, sich stärker gesellschaftlich einzubringen, zu partizipieren und zu einer Verbesserung der Lebensbedingungen von

Frauen* beizutragen? Was kann die politische Erwachsenenbildung leisten, um feministische Solidarität zu fördern? Und
wie können Frauen* im Speziellen gestärkt und ermutigt
werden, gemeinsam für ihre Interessen aktiv und sichtbar
zu werden?

Frauen*bildung, wie sie sich im Kontext der autonomen
Frauen*bewegung in den 70er- Jahren entwickelt hat, hat
eine Vielzahl an Frauen für Geschlechterfragen sensibilisiert
und ihnen neue Zugänge zu Weiterbildung, Berufstätigkeit
und politischer sowie gesellschaftlicher Teilhabe und Handlungsfähigkeit ermöglicht. Diskriminierungen bewusst zu
machen, den weiblichen Zusammenhang zu thematisieren
und die individuelle Lage als gesellschaftlich bestimmt zu
erkennen sowie Anregungen zur Veränderung zu geben, um
zu Handlungsfähigkeit und Selbstbestimmung zu gelangen,
waren wesentliche Ziele von Frauen*bildungsangeboten.
Diese resultierten in einem vermehrten solidarischen Engagement von Frauen in Frauen*- und Bürger*inneninitiativen.
Politische Bildung führte zu politischer Handlungsfähigkeit
(Hervé 2021, S.06–4). Auch wenn die politische Frauen*bildung ab Mitte der 1990er-Jahre im Zuge zunehmender Individualisierung und Interessens- und Anwendungsorientierung
an Interessent*innen und Zugkraft verloren hat, ist sie angesichts der gegenwärtigen frauen*politischen Situation wichtiger denn je.

Volkshochschulen sind, sowohl was die Anzahl der Teilnehmer*innen als auch die der Trainer*innen und Administra-
tor*innen betrifft, ein Bildungsraum für Frauen*. Gemäß
ihrem Auftrag, Bildung für alle – unabhängig von Vorbildung,
Geschlecht, Herkunft oder Alter zu gewährleisten, haben
sie das Potenzial, generationenübergreifend möglichst viele
diverse Menschen und damit auch möglichst viele unterschiedliche Frauen* mit unterschiedlichen Herkunftserfahrungen
anzusprechen und zu erreichen. Das sind Voraussetzungen,

die Volkshochschulen – wie auch schon in der Vergangenheit – dazu prädestinieren, Frauen∗bildungsarbeit zu initiieren und Plattform für Wissensvermittlung, Diskurs, Vernetzung und Veränderung zu sein. Auch wenn die Frauen∗gesprächskreise der 70er- Jahre zu Beginn des 21. Jahrhunderts heutzutage oft als überholt in Frage gestellt werden, so sind Orte solidarischer Auseinandersetzung und gemeinsamer Reflexion in Zeiten gesellschaftlicher Umbrüche wichtiger denn je.

Solidarität und damit auch feministische Solidarität entsteht nicht aus sich selbst. Sie muss erfahren, erlebt und immer wieder neu ausverhandelt werden. Dabei zeigt sie sich im Entwurf von Bildungsräumen, in denen Frauen∗solidarität entstehen kann, ebenso wie in der Planung von Bildungsangeboten, in der Entscheidung für bestimmte Themen, Formate und Methoden und in der Einbindung verschiedener Akteur∗innen wie Kooperationspartner∗innen oder Frauen∗initiativen (Frei/Kulmer 2017, S. 4). Dazu zählen partizipative Formate und Methoden, die Frauen∗ ermutigen, das Wort zu ergreifen und miteinander in Diskussion zu treten, ebenso wie Methoden, die sich eignen, Vorurteile ab- und gegenseitige Wertschätzung aufzubauen. Es braucht Räume, in denen Argumente gesammelt und Argumentation erprobt werden kann, aber auch offene Formate und Freiräume, innerhalb derer Frauen∗ kreativ ihre eigenen Themen setzen, diskutieren, reflektieren und gemeinsam weiterentwickeln können. Zum einen, um gemeinsame Themen und Schnittpunkte auszuloten und auszuverhandeln, vielmehr aber auch, um sich der Dringlichkeit bestimmter Themen und Fragen bewusst zu werden und gemeinsam Handlungsfähigkeit zu entwickeln. Damit dieser Austausch gelingen kann, ist es wichtig, Frauen mit möglichst vielen unterschiedlichen Herkunftserfahrungen zu erreichen und einzubinden – sowohl als Teilnehmende, aber auch als Lehrende und Anbieter∗innen von Bildungsangeboten. Auf der inhaltlichen Ebene geht es darum, Themen zur Sprache zu bringen, die auf gesellschaftliche Ungleichgewichte und Machtverhältnisse hinweisen und die klar aufzeigen, dass es dabei nicht um reine Frauen∗fragen geht, sondern um Fragen, die die Gesellschaft als Ganzes betreffen.

HOFFNUNG AM FRAUEN∗POLITISCHEN HORIZONT

Wenn zu Beginn des Textes die Frage nach Handlungsmöglichkeiten angesichts der sich in Österreich kaum zu bewegen scheinenden frauen∗politischen Situation gestellt wurde, so hat sich zum Unbehagen doch die Einsicht gesellt, dass sich diesbezüglich weltweit doch so einiges bewegt, dass mobilisiert wird und Frauen∗rechte eingefordert werden. Mehr noch – dass Frauen∗ sich darüber hinausgehend auch solidarisch für die Beseitigung aller gesellschaftlichen Ungleichheiten und Ungerechtigkeiten einsetzen und diese einfordern. Zugleich aber auch die Erkenntnis, dass Gemeinsamkeit nicht auf Gleichartigkeit beruhen muss und dass feministische Solidarität über alle Diverisität und Differenzen hinaus herstellbar ist und gemeinsames politisches Handeln ermöglicht. Als Beispiel dazu wurden in diesem Text die global sich formierenden Frauen∗streiks angeführt, insofern als Streik als er neben der Lohn- auch die Reproduktionsarbeit umfasst, ein politisches Instrument ist, das viele Frauen ermächtigt, gegen Ungerechtigkeiten aufzustehen, die Stimme zu erheben und sichtbar zu werden. Aktivitäten von Netzaktivist∗innen sowie stark mobilisierende Kampagnen wie *#metoo* oder andere Hashtags, die ebenso stark global und digital mobilisiert und zur Sichtbarkeit beigetragen haben, wurden in diesem Zusammenhang nicht erwähnt, da eine inhaltlich angemessene Auseinandersetzung den Umfang dieses Beitrags überschritten hätte.

Emanzipatorische Frauenbildung kann ein fruchtbarer Boden sein, um Frauen∗ zusammen- und in Diskussion zu bringen. Sie kann Räume eines solidarischen Diskurses zur Verfügung stellen, in denen Wissen vermittelt, Positionen ausverhandelt, Utopien entwickelt und Veränderung in Gang gebracht werden kann.

Dazu ist es wichtig, auch über Erwachsenenbildungsinstitutionen und NGOs hinweg solidarische, feministische Allianzen zu bilden und Bündnisse einzugehen, um frauen*politische Projekte, Diskussionen, Veranstaltungen und Aktionen gemeinsam umzusetzen. Zum einen, um damit mehr Frauen* anzusprechen und einbinden zu können. Zum anderen, um mehr Sichtbarkeit und Aufmerksamkeit für frauen*politische Anliegen zu generieren und gesellschaftliche Veränderung in Gang zu bringen.

Literatur

Arruzza, Cinzia/Bhattachrya, Tithi/Fraser, Nancy (2019): *Feminismus für die 99%. Ein Manisfest.* Berlin.

Bargetz, Brigitte/Scheele, Alexandra/Schneider, Silke (2021): Feministische Solidaritäten als dynamische Prozesse. Verbundenheit in *Differenz, Beitrag zum Plenum 4 »Gesellschaftliche Verstrickungen: (Re)Nationalisierungsprozesse und Solidaritäten«*, 1441-Beitragstexte-6791-1-10-20210930.pdf, PDF (18.12.2021)

Binder, Beate (2010): Feminismus als Denk- und Handlungsraum. Eine Spurensuche. In: Fenske, Michaela (Hrsg.). *Alltag als Politik – Politik im Alltag. Dimensionen des Politischen in Vergangenheit und Gegenwart.* Berlin, S. 25–43.

Ernst, Waltraud (2011): *Starke Bande? Grundlagen der Kooperation zwischen Genderforschung und Gleichstellungspraxis. Vortrag bei der Tagung »Frau Macht Konkurrenz« des Netzwerks Genderforschung in Bayern*, Schloss Tutzing, 11.–13. März 2011, https://www.frauenakademie.de/images/ernst_waltraud.pdf, PDF, (22.2.2022)

Federici, Silvia (2020): Ein guter Moment für feministische Bewegungen. Interview. In: *an.schläge – Das feministische Magazin*, Ausgabe II/2020, https://anschlaege.at/ ein-guter-moment-fuer-feministische-bewegungen/ (15.1.2022)

Frei, Wilfried/Kulmer, Karin (2018): Solidarität, Teilhabe und Ermächtigung in der Erwachsenenbildung. In: Verein CONEDU (Hrsg.): *Solidarität, Teilhabe und Ermächtigung in der Erwachsenenbildung*, S. 3–5, https://erwachsenenbildung.at/downloads/aktuell/serien/seriesolidaritaet2017.pdf, PDF, (26.2.2022)

Hervé, Florence (2021): Gedanken zur politischen Frauenbildungsarbeit der Volkshochschulen in Deutschland. In: Magazin für Erwachsenenbildung: *Die Sichtbarkeit von Frauen* in der *Erwachsenenbildung.* Ausgabe 43.

Kauppert, Philipp/Kerner, Ina (2016): *Political Feminism for a better future.* Discussion Paper, https://library.fes.de/pdf-files/iez/12693.pdf, PDF (8.1.2022)

Kerchner, Brigitte (2017): Braucht es noch eine Zeitschrift für feministische Politikwissenschaft. In: *Femina Politica* 1/2017; 20 Jahre – 20 Fragen – 20 Feminist*innen https://doi.org/10.3224/feminapolitica.v26i1.17 (18.12.2021)

Knittler, Käthe/Leder, Anna (2019): *Warum es einen Frauen*streik in Österreich braucht*, https://mosaik-blog.at/frauenstreik-oesterreich-geschichte (18.1.2022)

Kreisky, Eva (2013): Vom goldenen Zeitalter der Frauenpolitik. In: Mesner, Maria/Niederkofler, Heidi (Hrsg.) *Johanna Dohnal. Ein politisches Lesebuch.* Wien. S. 268–279.

Lorey, Isabel (2018): 8M – Der große feministische Streik. In: Gago, Verónica/Gutiérrez, Aguilar, Raquel/Draper, Susana/Menéndez Díaz, Mariana/Montanelli, Marina/Bardet, Marie/Rolnik, Suely: 8M – *Der grosse feministische Streik. Konstellationen des 8.März*, Wien, https://transversal.at/media/8M.pdf, PDF (8.1.2022)

Neusüss, Claudia (2017): Lernen aus Erfolgen. Welche Bündnisstrategien für Feminist*innen sehe ich für die Zukunft. In: *Femina Politca* 1/2017: 20 Jahre – 20 Fragen – 20 Feminist*innen. S. 172–173, https://doi.org/10.3224/feminapolitica.v26i1.23 (18.12.2021)

Pöge, Kathleen/Franke, Yvonne/Mozygemba, Kati/Ritter, Bettina/Venohr, Dagmar (2014): Welchome to Plurality. Ein kaleidoskopischer Blick auf Feminismen heute. In: Franke, Yvonne/Mozygemba, Kati/Pöge, Kathleen/Ritter, Bettina/Venohr, Dagmar (Hrsg.): *Feminismen heute. Positionen in Theorie und Praxis.* Bielefeld, S. 19–32.

Prosinger, Jana (2019): Raus aus dem Rückwärtsgang. Backlash im Feminismus. In: *Der Tagesspiegel* vom 25.5.2019, https://www.tagesspiegel.de/kultur/backlash-im-feminismus-raus-aus-dem-rueckwaertsgang/24382044.html (18.12.2021)

Susemichel, Lea (2020): *Feminismus bringt die größten Massenproteste überhaupt auf die Straße*, https://www.gwi-boell.de/de/2020/03/02 feminismus-bringt-die-groessten-massenproteste-ueberhaupt-auf-die-strasse (26.02.2022)

Wichterich, Christa (2000): *Strategische Verschwisterung, multiple Feminismen und die Glokalisierung von Frauenbewegungen*, https://www.femme-global.de/fileadmin/user_upload/ femme-global/themen/bewegungen/Strat_Verschwisterung_ il.pdf, PDF (18.12.2021)

Wichterich, Christa (2009): *Gemeinsam und verschieden: fragend schreiten wir voran.* Internationale Frauensolidarität im Kontext von Global Governance. In: Gerlach, Olaf / Hahn, Marco / Kalmring, Stefan / Kumitz, Daniel / Nowak, Andreas (Hrsg.): *Globale Solidarität und linke Politik in Lateinamerika.* Berlin, https://www.femme-global. de/themen/soziale-bewegungen/internationale-frauenbewegungen (19.12.2021)

Conny Erber

Gelernte Soziologin und angehende
Sozialwirtin. Job-Hopperin seit jeher,
immer wieder mal im Kunst- und
Kulturbereich tätig und engagiert. Mit-
organisatorin der Frauensommeruni
2011 und schreibende Kraft für das
Gloss-Magazin von Pangea. Viele Interessen und Leidenschaften, gerne
am Diskutieren und Sinnieren. 2019
gründete sie einen feministischen
Buchclub in Linz und versucht die Welt
besser zu machen.

UNERHÖRT SICHTBAR

Immer wieder hört, liest oder lernt man, ja vielleicht sogar in einer Bildungseinrichtung, über
Frauen, die sich besonders für Frauenrechte und
Geschlechtergerechtigkeit eingesetzt haben.
Meistens aus vergangenen und weniger aktuellen
Zeiten. Über Pionierinnen, die politische und
gesellschaftliche Zeiten durch ihr Engagement mit-
geprägt haben. Frauen, die sich vehement auf
beiden Beinen gegen das patriarchale System auf-
gelehnt und für eine bessere frauenpolitische
Situation gekämpft haben. Kämpfen: Ein Wort,
das so viel Kraft und gleichzeitig Aggression
und Wut beinhaltet. Ein Wort, das sich schwer
anfühlt und in dem Widerstand und Auflehnung
richtig spürbar sind. Ein Wort, das gerade im
feministischen Diskurs dazugehört. Aber nur dem
Anschein nach. Es gibt nämlich auch Frauen,
die genauso mitgestalten, mitverändern und das
System aufwirbeln wie ihre kampfeslustigen
Mitstreiterinnen aus der Vergangenheit. Aber
anders. Frauen, die ich durch unterschiedliche Zugänge, auf unterschiedliche Weisen kennen-
lernen durfte: Eine Autorin, die eine Lesung im
Linzer Kepler Salon über ihr aktuelles Buch
gehalten und mich durch ihre Worte inspiriert hat.
Eine Sportreporterin, die einen eigenen Podcast kreiert hat und Männern typische Frauenfragen
stellt, die auch mich betreffen und mich immer
wieder zum Nachdenken anregen. Künstlerinnen,
die in ihren Werken, Bildern und Ausarbeitun-
gen das alles ausdrücken können, wo mir bereits
die Worte fehlen. Frauen, die mich durch ihre
Lebenseinstellung und Lebensführung immer
wieder beeinflussen, bestärken und bekräftigen.
Frauen, die in ihren möglichen Wirkungsberei-

chen zu einem Systemwechsel beitragen, der nachhaltig wirkt und seine Kreise zieht. Und dieser Systemwechsel muss nicht immer mittels Kampf ausgetragen werden. Veränderungen dürfen auch einfach, ruhig und respektvoll gelingen. Durch einen feministischen Buchclub, wo sich Frauen und Männer Meinungen bilden, diese austauschen und in ihrem Umfeld wieder verbreiten. Durch Gespräche, die sich ungezwungen auf einer Parkbank oder am Nebentisch im Kaffeehaus ergeben. Durch ein Vorleben und Aufzeigen, wie es gelingen kann und umsetzbar ist. Und vor allem durch ein Bewusstsein, dass systematisch Vorgegebenes nicht so bleiben muss. Wir alle können auf unsere typische Art und Weise, durch unsere Möglichkeiten und Wirkungsbereiche eine geschlechterfreundliche Umwelt mitgestalten, in der weniger Kampf und mehr Frieden zu finden ist.

Eine Umwelt, in der jeder Mensch gerne lebt.

Diese Umwelt können wir selbst kreieren – nutzen wir die Möglichkeit!

Tanja Traxler

ist Wissenschaftsjournalistin, Universitäts-
dozentin und Buchautorin in Wien. Sie
studierte theoretische Quantenphysik und
Philosophie an der Universität Wien und
der University of California/Santa Cruz.
In ihrer interdisziplinären Dissertation
beschäftigt sie sich mit Epistemologie der
Quantenphysik und physikalischen und
philosophischen Konzeptionen von Raum
und Vakuum. Sie unterrichtet an der Universität für angewandte Kunst Wien im
Studiengang Cross-Disciplinary Strategies,
zuvor an der Fakultät für Physik der Universität Wien. Seit 2021 leitet sie das
Wissenschaftsressort der österreichischen
Tageszeitung DER STANDARD. Sie ist
Ko-Direktorin der transdisziplinären
Forschungsagentur Logische Phantasie
Lab. www.lo-ph.agency

WARUM FRAUEN IN DER PHYSIK FEHLEN UND WAS SICH DAGEGEN TUN LÄSST

Für Jahrtausende waren Frauen aus akademischen Unternehmungen weitgehend ausgeschlossen, doch in den vergangenen Jahrzehnten ist die Unterrepräsentierung von Frauen in den Naturwissenschaften zu einem zunehmend diskutierten Thema geworden. Weltweit wurden Initiativen gesetzt, um mehr Frauen nicht nur für die Naturwissenschaften, sondern auch für Mathematik, Informatik und Technik (diese Fächergruppen zusammengenommen werden häufig als MINT abgekürzt) zu gewinnen: Mehr weibliche Studierende sollen gewonnen werden, eigene Förderschienen für Frauen werden eingerichtet und akademische Gremien sollen durch Quoten mit mehr Frauen besetzt werden. Dabei wurden zweifellos Erfolge erzielt, dennoch dominieren in den MINT-Bereichen immer noch die männlichen Karriereverläufe, und je höher es auf der akademischen Leiter geht, umso weniger Frauen sind anzutreffen. Im Folgenden will ich einige Gründe hervorheben, die nach wie vor zu einer Unterrepräsentierung von Frauen in den MINT-Fächern, speziell in der Physik, führen. Weiters will ich einige der Auswirkungen dieses Ungleichgewichts beleuchten – für die Wissenschaft wie auch für die Gesellschaft.[1]

EINE VIELSAGENDE BEGEBENHEIT

Stellen Sie sich folgende Begebenheit vor: Professor A und Professor B arbeiten in derselben Forschungsinstitution. Professor A erhält eine Anfrage eines Kollegen mit der Bitte, eine Austauschstudentin in der Institution von A und B aufzunehmen. Professor A will dieser Bitte nicht beikommen, weiß aber nicht so recht, wie eine Absage erteilt werden kann.

---

1   Eine frühere Version dieses Textes in englischer Sprache ist im Mai 2020 im IQOQI Blog erschienen: https://www.iqoqi-vienna.at/detail/news/tanja-traxler-why-we-lack-female-physicists-and-what-to-do-about-it (letzter Zugriff: 27.2.2022)

Daher schreibt A (bedingt durch einen Auslandsaufenthalt) einen Brief an B mit der Bitte um einen Ratschlag. Sehr offen bringt A darin auch zum Ausdruck, dass der einzige Grund, die Studentin abzulehnen, sei, dass sie eine Frau ist. Wie genervt A von der Anfrage ist, kommt im Brief an B deutlich zum Ausdruck:»Was macht man damit? An sich habe ich allerhand Bedenken gegen weibliche Schüler.«[2]

Wenig überraschend hat eine solche Begebenheit tatsächlich stattgefunden, wie Archivquellen zeigen. Ebenfalls wenig überraschend, wurde dieser Brief Jahrzehnte, bevor der Mangel an weiblichen Physikerinnen Gegenstand öffentlicher Lamenti war, geschrieben. Er datiert auf den 6. April 1930. Ebenfalls nicht völlig überraschend, aber dennoch schockierend ist, dass Absender und Adressat dieses Briefes jeweils zwei Größen der Physik waren, einer von ihnen Physiknobelpreisträger. Was jedoch überraschen dürfte, ist, dass der Brief von einer Frau geschrieben wurde: Lise Meitner beklagte sich bei Otto Hahn über die weibliche Bewerberin.

Das Beispiel Lise Meitner, die heute zu Recht als weibliche Pionierin der Physik gefeiert wird, kann als wichtige Erinnerung gelten, dass die Anwesenheit weiblicher Wissenschaftlerinnen noch keine Garantie für eine geschlechtergerechte wissenschaftliche Umgebung bedeutet. Wie der Fall Lise Meitner und viele andere zeigen, sind auch Frauen nicht immun dagegen, sexistische Stereotype zu reproduzieren, ebenso sehr, wie Männer ihnen nicht automatisch anhängen. Wie die Geschichte so will, hat Lise Meitner in späteren Jahren eine kritische Haltung zur Unterrepräsentierung von Frauen in der Wissenschaft entwickelt. So sagte sie beispielsweise in einem Radiointerview im Jahr 1953:»Als ich vor mehr als 50 Jahren an der Wiener Universität Mathematik und Physik zu studieren begann, war ich sehr stark beeindruckt, von der neuen

2   Brief von Lise Meitner an Otto Hahn vom 6. April 1930, Archiv der Max-Planck-Gesellschaft, III. Abt., Rep. 14.

Gedankenwelt, die mir eröffnet wurde. Die Frage, ob ich als Mädchen später die Möglichkeit haben würde, wirklich wissenschaftlich zu arbeiten, hat mich damals nicht ernsthaft beschäftigt. Infolgedessen habe ich auch sehr wenig über die Entwicklung der Frauenbewegung gewusst. Vor allem war mir nicht klar geworden, was sie für die verschiedenartigsten Probleme bedeutet, die das individuelle Leben und das Gemeinschaftsleben in der menschlichen Gesellschaft in sich schließen. [...] Später habe ich begriffen, wie irrtümlich diese meine Auffassung war und wie viel Dank speziell jede in einem geistigen Beruf tätige Frau den Frauen schuldig ist, die um die Gleichberechtigung gekämpft haben.«[3]

DIE LANGSAME ZUNAHME AN WEIBLICHEN WISSENSCHAFTLERINNEN

In Österreich haben die Universität Wien, Universität Graz und Universität Innsbruck weibliche Studentinnen ab 1897 an den philosophischen Fakultäten, zu denen damals auch die Physik zählte, zugelassen. Als Lise Meitner 1901 ihr Studium der Physik an der Universität Wien aufnahm, war sie unter den ersten weiblichen Studierenden in diesem Fach.[4] Der Weg dorthin war alles andere als einfach gewesen. 1878 in Wien geboren, hatte Meitner 1892 ihre formale Schulpflicht beendet. Da die Universitäten den Frauen zu dieser Zeit noch versperrt waren, gab es auch keine regulären Möglichkeiten für Frauen, die Reifeprüfung abzulegen. Mädchen durften lediglich als Externistinnen an Knabengymnasien maturieren, vorbereiten auf die Prüfung mussten sie sich privat. Meitner, die seit ihrem 13. Lebensjahr den festen Entschluss verfolgte, einmal Physik zu studieren, schaffte den Schritt als 22-Jährige.

3   Meitner, Lise (2003): Die Frau in der Wissenschaft. Original-
    tonaufnahmen. Köln: Supposé.

4   Die Ausführungen zu Lise Meitner basieren auf einer früheren
    Publikation der Autorin: Rennert, David; Traxler, Tanja
    (2018): Lise Meitner. Pionierin des Atomzeitalters. Salzburg,
    Wien: Residenz Verlag.

1905 promovierte Meitner als eine der ersten drei Frauen im Hauptfach Physik an der Universität Wien mit einer Arbeit über Wärmeleitung in inhomogenen Körpern. Auch nach ihrem Studienabschluss führte sie weitere wissenschaftliche Arbeiten am Physikalischen Institut durch – da sie eine Frau war, war es selbstverständlich, dass sie dafür nicht bezahlt wurde. Ihre akademische Karriere fortzusetzen war nur möglich, weil sie jahrelang von ihrem Vater finanziell unterstützt wurde. Erst nachdem Max Planck sie 1912 in Berlin zu seiner Assistentin ernannt hatte, konnte sie erstmals ein bescheidenes Einkommen durch ihre akademische Arbeit erzielen.

Die Abwesenheit der männlichen Kollegen während des Ersten Weltkriegs entpuppte sich für etliche Frauen in Europa und Großbritannien erstmals als Chance, um akademische Stellen zu erlangen.[5] Auch für Lise Meitner brachte diese Zeit eine Beförderung. Nach einem kurzen Aufenthalt an der Front als Radiologin erhielt Meitner 1918 ihre eigene Forschungsgruppe. 1919 wurde sie Professorin – als eine der ersten Frauen in Deutschland.

Drei Jahre später erlangte Meitner auch die Venia Legendi. Wie selten die Erteilung der Lehrberechtigung an Frauen damals war, davon zeugt auch ein Ereignis zu ihrer Antrittsvorlesung 1922. Der Titel der Vorlesung »Bedeutung der Radioaktivität für kosmische Prozesse« wurde von einem schlampigen Journalisten zu »kosmetischen Prozessen« umbenannt – eine Frau als Physikprofessorin rief zu dieser Zeit offenbar solche Assoziationen hervor. Meitner konnte sich noch Jahre später köstlich über den Fauxpas amüsieren.

Es besteht kein Zweifel, dass sich die Zeiten inzwischen geändert haben. Offene Diskriminierung aufgrund des Geschlechts ist zurückgegangen, einige Stellen und Förderprogramme

5   Vgl. Fara, Patricia (2017): A Lab of One's Own: Science and Suffrage in the First World War. Oxford: Oxford University Press.

stehen gezielt für Frauen offen. Dennoch sind wir weit davon entfernt, dass die Unterrepräsentierung von Frauen in den Naturwissenschaften gänzlich ausgeräumt ist. So haben Forschende 2018 den Gender Gap in den MINT-Fächern plus Medizin unter mehr als 36 Millionen Autor:innen aus mehr als 100 Ländern in mehr als zehn Millionen Publikationen in mehr als 6000 wissenschaftlichen Journalen untersucht. Das ernüchternde Ergebnis: »Many research specialties (e.g., surgery, computer science, physics, and maths) will not reach gender parity this century, given present-day rates of increase in the number of women authors.« Folglich betonen die Autor:innen: »Our results support a need for further reforms to close the gender gap.«[6]

EINIGE GRÜNDE FÜR
DIE MÄNNLICHE DOMINANZ

Wie für die meisten weitreichenden Probleme gibt es auch für die Unterrepräsentierung von Frauen in den MINT-Fächern keine eindimensionale Antwort, sondern eine ganze Reihe von Ursachen. In den meisten Ländern sind direkte Formen der Diskriminierung verboten worden und aus dem Alltag weitgehend verschwunden. Nichtsdestotrotz haben die #Metoo-Bewegung 2017 und andere Ereignisse prominent offengelegt, dass auch das akademische Umfeld in Naturwissenschaft, Mathematik und Technik nicht frei von sexuellen Belästigungen und sexuellen Beleidigungen gegenüber Frauen ist. Es gibt aber auch noch viele weitere Gründe der Diskriminierung und manche davon sind viel subtiler. Breit diskutierte Gründe dafür, dass Frauen nach wie vor in der Minderheit in den MINT-Fächern sind, betreffen kulturelle Stereotype und Rollenmodelle, wonach junge Frauen eher für Karrieren in

6   Holman, Luke; Stuart-Fox, Devi; Hauser, Cindy E. (2018):
     The gender gap in science: How long until women are equally
     represented?, PLOS Biology 16(4), https://journals.plos.org/
     plosbiology/article?id=10.1371/journal.pbio.2004956

sozialen Berufen als in Naturwissenschaft und Technik geeignet seien. Was den Verlust von Frauen auf jeder Stufe der akademischen Leiter angeht, wird immer wieder die schlechte Vereinbarkeit von Beruf und Familie ins Treffen gebracht, sowie mangelnde Kinderbetreuung – insbesondere auch in Österreich.

2005 löste der damalige Präsident der Harvard University, Lawrence Summers, eine Kontroverse aus, indem er in einer Rede seine Gedanken zur Unterrepräsentierung von Frauen in Tenure-Track-Positionen in den Naturwissenschaften und Technik kundtat: Laut Summers sei der Grund dafür in den Unterschieden im obersten Bereich bei der Eignung zwischen Männern und Frauen für akademische Top-Jobs zu finden.[7] Tatsächlich deuten manche Studien darauf hin, dass Männer und Frauen bei kognitiven Tests im Durchschnitt gleich abschneiden, aber die Testergebnisse von Männern eine größere Varianz aufweisen als jene von Frauen.[8] Um es platt auszudrücken: Während die geistigen Fähigkeiten von Männern und Frauen im Schnitt gleich sind, gibt es sowohl mehr männliche Einfaltspinsel als auch männliche Genies. Andere Autor:innen weisen jedoch darauf hin, dass diese Varianzen – wenn sie denn überhaupt bestehen – zu klein wären, um die massive Unterrepräsentierung von Frauen in den MINT-Fächern zu erklären.[9] Aus der biologischen und kognitiven Forschung ergeben sich also keine ausreichenden Gründe,

7   Vgl. Summers, Lawrence (2005): Remarks at NBER Conference on Diversifying the Science & Engineering Workforce [Archive], Cambridge, Mass. January 14, https://web.archive.org/web/20080130023006/http://www.president.harvard.edu/speeches/2005/nber.html

8   Vgl. z.B. Hedges, L. V., & Nowell, A. (1995): Sex differences in mental scores, variability, and numbers of high scoring individuals. Science, S. 269, 41–45.

9   Vgl. Saini, Angela (2017): Inferior: How Science Got Women Wrong, London: Harper Collins.

um die Unterrepräsentierung von Frauen in der Wissenschaft zu klären – kulturelle Stereotype erscheinen immer noch als der entscheidendste Faktor.

Das Stereotyp – den Begriff des Genies – eher mit einem Mann als mit einer Frau zu assoziieren, ist so tief in unserer Kultur verankert, dass selbst Frauen verleitet sind anzunehmen, dass fundamentale Entdeckungen in der Physik stets durch Männer erfolgt sind. Eine vielsagende Anekdote dafür weiß die Physikerin Donna Strickland zu berichten. Strickland hat ihre Doktorarbeit in den 1980er-Jahren mit Betreuung durch Gérard Mourou durchgeführt. In ihrer Arbeit ging es ihr darum, ein experimentelles Setup zu entwickeln, um die Spitzenleistung von Laserpulsen zu verbessern. Dabei stieß sie auf eine Arbeit, die von M. Goeppert-Mayer geschrieben worden war. Wie sich Strickland später erinnerte, ging sie, als sie auf die Arbeit Bezug nahm, wie selbstverständlich davon aus, dass Goeppert-Mayer ein Mann war, bevor sie darauf hingewiesen wurde, dass es sich dabei um Maria Goeppert-Mayer handelte.[10] 2018 wurde Strickland gemeinsam mit Mourou und Arthur Ashkin für »bahnbrechende Entdeckungen in der Laserphysik« mit dem Physiknobelpreis ausgezeichnet. Nach Marie Curie (1903) und Maria Goeppert-Mayer (1963) war sie erst die dritte Frau, die diese Auszeichnung erhalten hat. 2020 wurde mit Andrea Ghez die vierte weibliche Physik-Nobellaureatin ausgezeichnet.

Zahlreiche Frauen blieben beim prestigereichsten Wissenschaftspreis jedoch unbedacht, darunter etwa die zuvor erwähnte Lise Meitner. Für ihre wissenschaftlichen Arbeiten wurde sie zumindest 48 Mal für den Physik- und Chemie-Nobelpreis nominiert. Der Nobelpreis für ihre wichtigste Entdeckung, jene der Kernspaltung, ging aber an ihren langjährigen

10   Vgl. Briefing mit Donna Strickland und Gérard Mourou während des Lindau Nobel Laureate Meetings 2019.

Forschungspartner Otto Hahn allein.[11] Dank der heutigen Quellenlage ist offenkundig, dass die Nicht-Berücksichtigung Meitners weniger wissenschaftlich begründet war, sondern vielmehr von zahlreichen äußeren Faktoren beeinflusst war. Dazu zählen etwa interne Querelen der schwedischen Physiker: Dass Meitner nach ihrer Flucht aus Deutschland ausgerechnet in Stockholm Exil gefunden hatte, schien ihr beim Rennen um die prestigeträchtige Auszeichnung zu schaden. Weiters hat sich ein Unvermögen offenbart, die interdisziplinäre Entdeckung angemessen zu evaluieren. Aber auch die Tatsache, dass Meitner eine Frau war, scheint ein Faktor gewesen zu sein, der ihr im Ringen um den Nobelpreis offenbar geschadet hat, wie der Briefverkehr um den Nominierungsprozess nahelegt.[12]

Gérard Mourou und zahlreiche andere Männer unterstützten Frauen aktiv dabei, ihre akademischen Karrieren verfolgen zu können. In der Geschichte der Physik zumindest der vergangenen 120 Jahre gab es zahlreiche Männer, die Seite an Seite mit Frauen für die Gleichberechtigung von Frauen in der Wissenschaft gekämpft haben, und es ist auch ihnen zu verdanken, dass schrittweise Erfolge erzielt werden konnten. Teilweise stießen Männer in dieser Anstrengung auf ähnliche Hürden wie ihre weiblichen Kolleginnen. Eine berühmte Anekdote ist jene über den Mathematiker David Hilbert, der Emmy Noether dabei unterstützte, eine Professur zu erlangen. Am Ende einer Sitzung, in der Noethers Bewerbung abgelehnt wurde, stöhnte Hilbert verzweifelt auf: »Meine Herren, dies ist keine Badeanstalt!«

11   Vgl. Nomination Archive of the Nobel Foundation, https://www.nobelprize.org/nomination/archive/show_people. php?id=6097

12   Für eine ausführliche Diskussion der Nicht-Berücksichtigung Meitners beim Nobelpreis siehe Rennert, David; Traxler, Tanja (2018): Lise Meitner. Pionierin des Atomzeitalters. Salzburg, Wien: Residenz Verlag.

CONCLUSIO

Die Wissenschaft wurde seit jeher als Praxis verstanden, die besten Ideen zu kultivieren – nicht Rang oder Status oder Religion sollten darüber urteilen, sondern empirische Experimente. Genau dieser Gedanke hat die Wissenschaft zu jenem außergewöhnlichen Unterfangen gemacht, wie wir sie heute kennen. Doch leider setzen sich in der wissenschaftlichen Praxis, wie die obige Diskussion gezeigt hat, bis heute nicht immer die besten Ideen durch, sondern jene der am besten situierten Individuen. Es kann kein Zweifel bestehen, dass eine akademische Umgebung, die Menschen abhängig von Geschlecht, Herkunft oder Religion fördert und weniger abhängig von ihrem Talent, nie so exzellent sein kann, wie sie es im besten Fall sein könnte.

Darüber hinaus hat die Unterrepräsentierung von Frauen in Naturwissenschaft, Technik, Mathematik und Medizin breite gesellschaftliche Folgen, die von weiblicher Unterrepräsentierung in klinischen Studien, die zu weniger guten Behandlungserfolgen für Frauen führen, bis hin zu Algorithmen, die weniger gut auf Frauen abgestimmt sind, weil sie meist von männlichen Programmierern entwickelt wurden, reichen.[13]

Was lässt sich also aus all dem lernen? Die Gründe für die Unterrepräsentierung von Frauen im MINT-Bereich sind komplex und vielfältig, daher müssen die Ansätze, um weibliche Karrieren zu fördern, breit angelegt und zahlreich sein. Universitäten und Forschungsinstitutionen können auf unterschiedlichen Ebenen agieren, leider werden sie nie den massiven Verlust von jungen Frauen wettmachen können, die Naturwissenschaft und Technik gar nie als reale Option für sich selbst in Betracht ziehen und daher nie eine naturwissenschaftliche

13   Vgl. Perez, Caroline Criado (2019): Invisible Women: Exposing Data Bias in a World Designed for Men. London: Chatto & Windus.

Fakultät betreten werden. Um wenigstens jene Frauen zu unterstützen, die sich für ein Studium im MINT-Bereich entschieden haben, sind Mentor:innen-Programme, Stipendien, Förderschienen und Kinderbetreuung einige der Maßnahmen, die bereits teilweise angeboten werden und noch stärker forciert werden sollten, um weibliche Karrieren nachhaltig zu stärken. Das Gute an all diesen Maßnahmen ist, dass eine akademische Umgebung, die familienfreundlich, frei von sexuellen Belästigungen und offen für Diversität ist, nicht nur eine ist, die Frauen unterstützt. Eine solche akademische Umgebung ist auch inklusiver und angenehmer für Männer. Sie ist letztlich alternativlos in der Anstrengung, die Wissenschaft so exzellent wie möglich zu machen und einen wirklich freien Bewerb der besten Ideen zu ermöglichen.

Johanna Grubner

geboren 1984 in Wien, ist seit 2018 Universitätsassistentin an der Abteilung für Gesellschaftstheorie und Sozialanalysen am Institut für Soziologie der Johannes Kepler Universität Linz. Schon während dem Soziologie und Gender Studies Masterstudium an der Universität Wien galt ihr wissenschaftliches Interesse einer gesellschaftstheoretischen Perspektive auf Geschlechterverhältnisse und der Frage, wie diese im neoliberalen Kapitalismus zu denken sind. Sie ist Assistant Editor des *Global Dialogue* – Magazine der International Sociological Association (ISA) und arbeitet derzeit an ihrer Dissertation zu Geschlechtergerechtigkeit an österreichischen Hochschulen.

»Außerdem: Frauen haben keine Vergangenheit.
Oder haben keine zu haben. Ist unfein, fast unanständig.«

Ruth Klüger, *weiter leben. Eine Jugend*, 1992

AFFIDAMENTO ALS POLITISCHE PRAXIS
DER FREIHEIT – EINE WERTSCHÄTZUNG[1]

An einem Pandemie-Montag im März 2021 erreichte mich im Home-Office ein Email mit dem Betreff: *Autorin gesucht!* Das Mail enthielt eine Anfrage und ein Angebot: Ein Buchprojekt, in dem Frauen ihre Standpunkte zu Feminismus, Geschlechtergerechtigkeit und dem gesellschaftlichen Gefüge aus ihren jeweils unterschiedlichen Tätigkeitsbereichen darlegen können. Für Finanzierung werde gesorgt, die konkreten Themen sollten sich aus den Auseinandersetzungen und Diskussionen in der Gruppe ergeben. Aus ein paar simplen Gründen war mein Interesse geweckt: Die Freude und der Spaß, die aus dem Email herauszulesen waren, die thematische Offenheit und der gleichzeitige Fokus auf Feminismus und Gesellschaft – ein Verhältnis, das mich bereits seit langer Zeit beschäftigt.

Ich möchte den Platz, der mir in diesem Buchprojekt gegeben wurde, dafür nutzen, einen feministischen Ansatz vorzustellen, der im deutschsprachigen Raum seit den 1990er – Jahren selten rezipiert oder diskutiert wurde. Es handelt sich um jenen Ansatz, den Feministinnen aus Mailand rund um den (bis heute bestehenden) Buchladen *Librería delle donne di Milano* (kurz: Libreria) entwickelten und in ihrem Buch *Wie weibliche Freiheit entsteht* ([1988] 2001) als politische Praxis der weiblichen Freiheit konzipiert haben. Ein Ansatz, der auch unter dem Begriff *affidamento* bekannt wurde.[2] Die Entscheidung, mich dieser Perspektive zu widmen, hat unterschiedliche

219 **Affidamento als politische Praxis**

1   Ich möchte mich bei meiner Schwester Barbara Grubner und
     meinen Freundinnen Annegret Bauer, Judith Beraha und
     Anna Kromer für die Anregungen, kritischen Rückmeldungen
     und den Zuspruch bedanken, die meine Betrachtung des
     Themas sowie diesen Text enorm bereichert haben.
2   Eine Gruppe von Feministinnen um die Plattform beziehungs-
     weise weiterdenken hält die deutschsprachige Rezeption
     des Ansatzes am Leben und denkt diesen weiter.

Gründe: Erstens, weil dieser Ansatz unter jungen Feminist*innen und Feminist*innen meiner Generation nur wenig bekannt ist und selten einer ernsthaften Auseinandersetzung zugeführt wird. Dies ist aus meiner Sicht zu beklagen, da er neue und radikale Gedanken und Perspektiven über Geschlechterverhältnisse und die Gesellschaft entwickelt und ermöglicht. Zweitens spricht mich dieser Ansatz auf einer Ebene an, die schon lange kein wissenschaftlicher Text mehr bei mir berühren konnte. Es ist die Ebene, auf der ich mich persönlich angesprochen fühle, als Frau, als Person in dieser Gesellschaft, als werdende Mutter und als Feministin. Dieser Ansatz, auch wenn ich es nicht punktgenau ausdrücken kann, *betrifft* mich, es geht mich etwas an. Drittens, stieß mir eines während unserer Diskussionen zu diesem Buchprojekt unübersehbar ins Auge: Die Ohren der anwesenden Frauen spitzten sich neugierig und die Augen begannen mich interessiert zu fixieren, als ich über affidamento, weibliche Freiheit und diese politische Praxis sprach. Und daher schreibe ich diesen Beitrag nicht nur für ein interessiertes Publikum, sondern auch für die Initiatorinnen und Autorinnen dieses Sammelbandes. Ich schreibe diesen Text aber auch für mich. Ich nehme mir die Freiheit, etwas in die Welt zu stellen, was mich zutiefst berührt, mich ergreift und mich über die Frauen des Mailänder Buchladens mit der Welt in Verbindung setzt. Ich bin ihnen zu großem Dank verpflichtet, dass sie ihre politische Praxis der weiblichen Freiheit in ihrem Buch verschriftlicht und den kommenden Generationen und so auch mir als Vermittlungsinstanz zu einer Welt geschenkt haben, die nur das Männliche kennt und das Weibliche herabsetzt.

DAS UN-SAGBARE
DER SEXUELLEN DIFFERENZ

Der hier besprochene feministische Ansatz unterscheidet sich in seinen Grundannahmen radikal von Überlegungen, die aus derzeitig vorherrschenden feministischen Perspektiven, aber auch Alltagsdiskussionen über Geschlecht geführt werden. Auf alle theoretischen und perspektivischen Unterschiede kann ich hier nicht eingehen, für das Verständnis der politischen Praxis der weiblichen Freiheit ist allerdings die Betonung der Differenz im Gegensatz zur Gleichheit von Menschen und Geschlechtern zu klären. Die Italienerinnen arbeiten mit Begriffen, die aus dem Alltag und aus wissenschaftlichen Diskursen bereits bekannt sind, füllen diese allerdings mit neuer, unbekannter Bedeutung. Warum die Italienerinnen dies tun, also neue Bedeutungen und damit eine neue Sprache entwickeln, wird im Laufe des Textes ersichtlich werden. Auch hier ist eine Offenheit notwendig, aber auch die Verabschiedung altbekannter Wortbedeutungen. Für das Lesen ist ein Einlassen auf diese Perspektive nötig, bevor man sie zu voreilig als altbacken, exkludierend oder gar reaktionär abtut. Dies wäre fatal, da man sich eine Sicht versperren würde, die eine gänzlich andere Weise eröffnet, über die Welt zu denken – Zustimmung oder Ablehnung, die Bewertung des Ansatzes, können nach der Auseinandersetzung folgen.

Die Mailänderinnen bauen ihre Überlegungen auf dem theoretischen Ansatz zur sexuellen Differenz der französischen Philosophin und Psychoanalytikerin Luce Irigaray auf. Irigaray mischt sich mit ihrer Perspektive, die seit den 1970er-Jahren im deutschsprachigen Raum rezipiert wird, radikal in eine der grundlegenden Streitfragen der zweiten Frauenbewegung ein – jene von Gleichheit und Differenz (vgl. Gerhard et al. 1990). Sie kritisiert jenes Bestreben der Frauenbewegung, das um Geschlechtergleichheit kämpft. Dies mag für heutige Leser*-innen befremdlich anmuten. Irigaray argumentiert, dass die Idee der Gleichheit der Geschlechter jene Vormachtstellung, die das männliche Geschlecht in der Gesellschaft innehat, bestätige und die Abwertung des Weiblichen und somit die herrschende Geschlechterhierarchie intakt lasse, indem dieselben Privilegien und Vormachtstellungen (des männlichen) auch für andere Geschlechter gefordert werden. Das männliche Maß werde so als universelles Maß bestätigt, da alle nun nach dieser männlich strukturierten Seinsweise streben. Das entwertete Weibliche verschwindet damit nicht, sondern wird weiter unsichtbar gemacht und bekämpft, von allen verachtet und verschmäht.[3] Außerdem halte die Idee der Geschlechtergleichheit Frauen und andere nicht männliche Menschen in einer Bittstellerinnenposition einer Gesellschaft gegenüber, die stückchenweise und nach eigenem Ermessen geben kann, was gegeben werden will. Auf diesen Gedanken werden die Mailänderinnen ihr Argument zur Betonung der Differenz aufbauen.[4]

3   Zur Verknüpfung der gesellschaftlichen Abwertung von Care-Arbeit sowie menschlicher Gebunden– und Abhängigkeit und der symbolischen Nicht-Repräsentiertheit und Unsichtbarmachung der Frau als auch der Mutter, siehe den Beitrag »Es geht um CARE? Sprechen wir doch lieber von der Mutter.« von Tove Soiland (2017).

4   Selbstverständlich erkennen die Mailänderinnen eine Geschlechterhierarchie, in der sich Frauen (und andere Geschlechter) »unterhalb« der männlichen Positionen wiederfinden, und verstehen dies als eine Ungerechtigkeit. Sie argumentieren jedoch, dass Forderungen nach Wiedergutmachung als feministische Forderung nicht taugen: »Die Reaktion ist normalerweise positiv; die Gesellschaft gibt ohne weiteres zu, daß ([die Frauen; Anmk. JG] einen Schaden erlitten haben, auch wenn sie sich dann vorbehält, nach ihren eigenen Kriterien über die Art der Wiedergutmachung zu entscheiden« (Libreria [1988] 2001, S.154). Die Mailänderinnen schlagen hier einen anderen Weg vor: »Wir meinen, daß es für die Frauen solange keine Gerechtigkeit geben kann, wie Frauen unter Gerechtigkeit etwas verstehen, was man ihnen vorenthalten hat und nun zugestehen muß, und nicht etwas, was sie selbst herstellen können und herstellen müssen [...]« (Libreria [1988] 2001, S.162).

Anstelle einer Idee der grundlegenden Gleichheit schlägt Irigaray also vor, den Moment der Differenz, der Ungleichheit zwischen Menschen und Geschlechtern zu betonen.[5] Ja mehr noch, sie behauptet, es gebe in der bestehenden Gesellschaft überhaupt noch keine (Geschlechter)Differenz, diese müsse erst hergestellt werden. Woher kommt diese Behauptung der Vorherrschaft des Einen, der eingeschlechtlichen Gesellschaft? Während viele der feministischen Perspektiven, die in heutigen westlichen Gesellschaften Konjunktur haben, ihre Kritik auf die (normative) Zweigeschlechtlichkeit der Gesellschaft richten[6], kann mit Irigaray argumentiert werden, dass »[e]rst ein Denken der irreduziblen Geschlechterdifferenz ermöglicht [...], mehr als zwei Geschlechter zu unterscheiden.« (Kahlert 2010, S. 94). Die symbolische Ordnung, also jene Ebene, welche die sozialen Beziehungen mittels Sprache und Bedeutung grundlegend strukturiert, kennt demnach nur ein Geschlecht – nämlich das vorherrschende, das männliche Geschlecht.[7] Irigaray analysiert in ihrem Werk *Speculum, Spiegel des anderen Geschlechts* (1980) die vergangenen 2500 Jahren des abendländischen Denkens und der westlichen Philosophiegeschichte und durchforstet diese nach dem Ungesagten, nach dem, was in diesem Denken schweigt, unausgesprochen und ausgeschlossen bleibt – nach dem Weiblichen. »Die Männer haben seit Jahrhunderten das Wort, das Mittel der Schrift, alle Ausdrucksmittel für sich. Wenige, wenn nicht gar keines

5   Die Differenzdenkerinnen unterscheiden drei relevante Formen
     der Differenz: die »Differenz zwischen den Geschlechtern,
     [...] die Differenz zwischen Frauen [...] und die Differenz innerhalb jeder einzelnen Frau [...]« (Kahlert 2010, S. 94).

6   Diesen Ansätzen zufolge führt diese (normative) Zweigeschlechtlichkeit zu geschlechtsspezifischer Diskriminierung und
     der zweigeschlechtlichen Zwangsordnung, die sich unter Ausschluss anderer als dieser zwei Geschlechter durchsetzt
     (vgl. Butler 1991).

7   Eine Perspektive, die unter dem Begriff des Phallogozentrismus
     diskutiert wird.

der Sexualitätsmodelle, die uns angeboten werden, sind ethische Modelle [...]. Woher kommt dieser Mangel? Wie soll man es erklären? Die Männer hatten die sozio-kulturelle Macht inne. Niemand anderer als sie selbst konnte es ihnen verbieten, der Sexualität einen Wert beizumessen« (Irigaray 1987, S.122f.). Warum, so fragt sie sich, stellen sich die Männer nie »die ethische Frage hinsichtlich der kulturellen Rolle der Frau«? Und sie schlussfolgert: »Unsere Gesellschaften sind auf dem ›Unter-Männern‹ aufgebaut« (Irigaray 1987, S.123).[8] Die Frauen des Mailänder Buchladens schließen aus dieser Suche Irigarays, dass die Gesellschaft »das Zeichen des männlichen Geschlechts« trägt (Libreria [1988] 2001, S.125). Gesellschaftlich setzt sich diese eingeschlechtliche Prägung der männlichen symbolischen Ordnung dann allerdings neutral, universell und somit allgemeingültig. Für die Italienerinnen ist es daher unumgänglich zu zeigen, »daß [sich] hinter der scheinbaren Neutralität der Gesellschaft Auseinandersetzungen und Konflikte zwischen Geschlechtern verbergen« (ebd.). Wenn wir nun davon ausgehen, dass es in der symbolischen Ordnung nur ein Geschlecht (repräsentiert) gibt, so stellt sich zwangsläufig die Frage, wie es möglich ist, Differenz herzustellen. Differenz, und dies ist entscheidend, bezeichnet bei den Italienerinnen eine »strukturelle (nicht inhaltliche!) Qualität des Unterschieds, die weder hör- noch sprechbar ist. Diese irreduzible Differenz meint das ganz andere Andere [...]« (Kahlert 2010, S.94). Um zu diesem ganz anderen Anderen vorzudringen, betonen die Mailänderinnen, dass das männliche Prinzip zwar den Anspruch des Universellen erhebt, jedoch eines »niemals auslöschen [kann]: Es ist ausgeschlossen, daß eine Frau nicht weiß, welchen Unterschied im Menschensein es bedeutet, als Frau geboren zu sein« (Libreria [1988] 2001, S.27).

Johanna Grubner

224

8   Für eine »kleine Einführung« in Irigarays Denken siehe (Krondorfer 2019).

Auf dieser Gewissheit hat das Autorinnenkollektiv *Librería delle donne di Milano* in seinem Buch *Wie weibliche Freiheit entsteht* eine politische Praxis entwickelt, die vorsieht, durch eine spezifische Form der Beziehungen zwischen Frauen die gesellschaftliche Logik des Einen zu durchbrechen, Differenz herzustellen und so Freiheit zu erlangen. Im Folgenden werde ich diese spezifische soziale Beziehung zwischen Frauen, die als affidamento[9] bekannt wurden, näher vorstellen.

»ABER DER SINN DES AFFIDAMENTO MUSS BEWAHRT BLEIBEN.« – VERTRAUEN, ANVERTRAUEN, GEWISSHEIT ERLANGEN

Die Frauen des Mailänder Buchladens entwerfen die Beziehung des affidamento zwischen Frauen, um Freiheit herzustellen. Um diese Differenz in die eingeschlechtliche symbolische Ordnung der Gesellschaft einzuschreiben, muss es sich bei dieser Beziehung um eine *soziale*, also in der symbolischen Ordnung einordenbare Beziehung handeln – sie kann nicht privat sein bzw. alleine zwischen zwei Frauen verbleiben, weshalb die Mailänderinnen affidamento als *politische* Praxis konzipieren (Libreria [1988] 2001, S.156).

Für die Italienerinnen erlangt die Differenz zwischen Frauen zentrale Bedeutung, als sie erkennen, dass ihr Wunsch, wie die andere zu sein, dasselbe zu wollen wie die andere (z.B. gleiche Rechte), sie nicht miteinander in Beziehung setzt, sondern jene Momente unterstützt, die Frauen bereits in der Gesellschaft gleichmachen (und als das lediglich Andere/Abweichende zum Männlichen konzipieren). Mit der Notwendigkeit, Differenz zwischen Frauen zu etablieren, geht die sym-

---

9 Affidamento ist schwer aus dem Italienischen zu übersetzen. Es bedeutet so viel wie Vertrauen, Anvertrauen, Garantie, Gewähr. Im Zuge des Textes werden die Konturen dieses Theorems durch seine Elemente ersichtlich.

bolische Sichtbarmachung einer weiblichen Genealogie, der Bezugnahme und Wertschätzung einer Frau(engeneration) zu den vorangegangenen einher.[10] Die Betonung der weiblichen Generationenfolge verweist bereits auf ein ausschlaggebendes Moment des affidamento, denn dieses stellt eine Allianz und Tauschbeziehung zwischen einer »alten« und einer »jungen« Frau dar. *Alt* und *jung* sind hier nicht zwangsläufig auf das Alter einer Frau beschränkt. Vielmehr beschreibt *alt* ein fundamentales Wissen, das Frauen in ihrem Leben erlangen, nämlich jenes Wissen, »in das die Erfahrung der Niederlage eingegangen ist« (Libreria [1988] 2001, S.146). Ein Wissen darüber, dass die Differenz, das Anders-Sein als die männliche Position keine Relevanz, keinen Wert hat bzw. nicht *in* dieser Andersheit Wertschätzung erlangt. Als *jung* verstehen die Mailänderinnen jene Frauen, die diese Erfahrung vielleicht noch nicht gemacht oder dieses enttäuschende Wissen nicht internalisiert haben, also »intakte Ansprüche« (ebd.) haben und ihrem Wunsch und Anspruch, in der Welt eine Rolle zu spielen, etwas gelten zu wollen, mit Vehemenz Nachdruck verleihen. *Jung* und *alt* stellen keine sich ausschließenden Kategorien dar, denn selbstverständlich gibt es Frauen, die beides in sich tragen, also *jung* und *alt* sind. Es ist den Italienerinnen zufolge jedoch zentral, dass diese Beziehung zwischen Frauen entsteht, da dadurch »eine neue Kombination ins System der sozialen Beziehungen Eingang [findet], und

Johanna Grubner

10   Weibliche Genealogie und eine Generationenfolge von Frauen betonen die Mailänderinnen außerdem, weil die Wurzel *gen* der Wörter Genealogie, Genus, Generation auf Geburt als gesellschaftliches Faktum verweisen und damit auf eine symbolische Repräsentation. Diese ist in der Gesellschaft jedoch nur auf die »ehelich legitimierte Geburt von freien männlichen Individuen« gerichtet (Libreria [1988] 2001, S.17). Frauen als Subjekte und Beziehungen unter diesen sind symbolisch also nicht repräsentiert. Ein Umstand, den die Mailänderinnen mit ihrem Ansatz durchbrechen wollen.

dessen symbolische Ordnung wird verändert« (ebd.).[11] Im Sinne einer Generationenfolge bezeichnen die Mailänderinnen die ältere Frau als Mutter und die *jüngere* Frau als Tochter. Dankbarkeit zwischen Frauen zu etablieren ist für die Mailänderinnen ausschlaggebend, diese darf jedoch nicht auf die »private, gefühlsmäßige Sphäre beschränkt« (Libreria [1988] 2001, S.156) bleiben, sondern muss in der symbolischen Ordnung verankert werden. Im Privaten ist Dankbarkeit unter Frauen keine Seltenheit, aber ohne eine symbolische Repräsentation derselben »bleibt diese ohne Folgen« (ebd.). Denn die Wertschätzung dessen, was die Ältere bzw. Mutter gegeben hat (das Leben, Fürsorge, Liebe), hat in unserer gesellschaftlichen symbolischen Ordnung keine Repräsentation, die Mutter hat keinen Ort (Soiland 2019). Für das, was uns die Mutter gegeben hat, so meinen die Mailänderinnen, ist jedoch Dankbarkeit zu leisten, es muss gesellschaftlich, also »für alle sichtbar, öffentlich, vor aller Augen, [...], bezahlt werden« (Libreria [1988] 2001, S.156). – Nur so kann das »Mehr« der Mutter/Älteren erkannt und symbolisch mit Wert versehen werden.[12] Und dieser Akt hat weitreichende Folgen: »Sie [die symbolische Schuld; Anmk. JG] in der Beziehung zwischen Frauen einfach anzuerkennen [...] ist die konkrete Grundlage der weiblichen Freiheit. Alles Übrige, sowohl in der Theorie als auch in der Praxis, geschieht entweder als Folge davon,

11 Geschieht dies nicht, dann »gibt es von einer Frauengeneration zur anderen nur eine Aufeinanderfolge von naiver Hoffnung, bitteren Erkenntnissen, es entsteht weder Austausch noch Veränderung« (Libreria [1988] 2001, S.146).

12 Dankbarkeit stellt eine Verbindung zwischen einer Frau und einer anderen her, und indem diese sozial vermittelt ist, also in die symbolische Ordnung eingeschrieben wird, stellt dies auch eine Verbindung der Frau und der Welt her (Libreria [1988] 2001, S.172). Für die Verbindung und Vermittlung von Frauen und Gesellschaft siehe auch (Letsch und Merkle 2018).

oder es ist nicht wichtig« (ebd.). Oder anders formuliert: »Diese Notwendigkeit [Dankbarkeit zu zeigen, Anmk. JG] läßt sich nicht von ihrem Ergebnis, der Freiheit – auch für die einzelne – trennen« (Libreria [1988] 2001, S.157).

Es geht bei affidamento grundlegend darum, das weibliche Begehren zu unterstützen, das sich aktiv an der Gesellschaft beteiligen und sich Wissen aneignen will (sozusagen um den Wunsch der jüngeren Frau). Diesem Wunsch einer Frau, in die Gesellschaft einzutreten, fehlt in einer Gesellschaft des Einen, des Männlichen, jedoch die Legitimation und die symbolische Vermittlung. »Die Arbeit am Symbolischen wird also darin bestehen, symbolische Figuren zu entwerfen, welche aus der Zugehörigkeit zum weiblichen Geschlecht die gesellschaftliche Legitimierung für alle Freiheit machen, die eine Frau für sich will«[13] (Libreria [1988] 2001, S.125). Die Legitimität der weiblichen Differenz kommt von und wird verkörpert durch »Frauen, die ihrem Begehren Berechtigung verleihen und es der Welt gegenüber unterstützen. Mit dem Aufkommen dieser Figur geht die Herrschaft der weiblichen Selbstbeschränkung zu Ende; eine neue Zeit bricht an [...]« (ebd.). Die erste dieser Figuren hat für die Mailänderinnen, im Lichte einer weiblichen Genealogie, *symbolische* Mutter geheißen.

Dreh- und Angelpunkt dieser Figur bildete die Beschäftigung der Frauen des Buchladens mit ihren Lieblingsautorinnen, also mit Frauen, die vor ihnen kamen und den Wunsch hatten (und diesen auch bis zu einem gewissen Grad verwirklichen konnten[14]), in der Welt eine Rolle zu spielen, in ihr einen

13   Deshalb müssen wir uns an andere Frauen wenden, um einen Zugang zur Gesellschaft zu bekommen. Nämlich an Frauen, die vor uns kamen und ihrem Wunsch, in die Gesellschaft einzutreten, bereits Legitimität verliehen haben. Diese können dann auch unserem Wunsch Legitimität verleihen.

14   Wie die Mailänderinnen erkennen, haben auch diese Frauen zumeist enge Beziehungen mit anderen (älteren) Frauen gepflegt.

Wert darzustellen und zu schaffen. Für die Auswahl der Schriftstellerinnen – und dieser Umstand ist zentral – gab es für die Frauen des Buchladens keine gegebenen Kriterien, keinen Maßstab der Auswahl abseits ihrer eigenen Einschätzung, ihrem Urteil über die Relevanz der einzelnen Autorinnen.[15] Während die Frauen zuvor über ihre Selbsterfahrung gesprochen und ihre gemeinsamen und unterschiedlichen Betroffenheitslagen in der Gesellschaft erkannt hatten, führten die Diskussionen über ihre Lieblingsautorinnen in eine andere Richtung. Denn sie stießen nicht auf Unterschiede aufgrund von Race, Klasse, sexueller Orientierung, Disability etc. Vielmehr entstanden heftige Auseinandersetzungen und Streitgespräche, als sie für ihre Lieblingsautorinnen, also für eine andere Frau, einstanden und diese gegenüber anderen verteidigten. Daraus zogen die Frauen eine folgenreiche Erkenntnis: Als um Jane Austin ein Konflikt entfachte, stand eine der Frauen, die Austin nicht bewunderte, auf und postulierte: »Die Mütter sind nicht die Schriftstellerinnen, die Mütter sind in Wirklichkeit hier unter uns, wir sind nämlich nicht alle gleich« (Libreria [1988] 2001, S. 127). Diesen Ausruf, diese Erkenntnis, bezeichnen die Mailänderinnen als »das erste Ergebnis unserer Suche« (ebd.). Sie stießen auf etwas, das anders war als soziale Unterschiede. Auf etwas, dessen Ursprung sie nicht eindeutig benennen oder mit Inhalt füllen konnten, dessen Substanz für sie aber deutlich spürbar war. Es war etwas Tiefsitzendes, das sie als weiblich und in weiterer Folge als sexuelle Differenz bezeichneten. »Wir wollten eine Sprache, um das Un-sagbare der sexuellen Differenz zum Ausdruck zu bringen; und die ersten Worte, die wir fanden, machten es möglich, die ›Ungerechtigkeiten‹ in unseren Beziehungen zu benennen« (ebd.). Mit welchen schmerzhaften Elementen dies auch versehen war, die Frauen berichten, dass die Betonung der Differenz und auch der darin eingefassten

15   Die Auswahl fiel schließlich auf Jane Austin, Emily Brontë, Charlotte Brontë, Elsa Morante, Gertrude Stein, Silvia Plath, Ingeborg Bachmann, Anna Kavan, Virginia Wolf und Ivy Compton-Burnett. (Libreria [1988] 2001, S. 128).

Ungerechtigkeiten ihnen zu dem Zustand verhalf »etwas freier zu sein.« (Libreria [1988] 2001, S.129). Ein bisher unbekannter Weg tat sich auf – der Wunsch, der anderen gleich zu sein, machte einem weiblichen Begehren Platz. Dies brachte eine weitere Dimension mit sich: »Indem wir einer anderen Frau im gesellschaftlichen Rahmen Autorität und Wert zuschreiben, verleihen wir uns selbst, unserer eigenen Erfahrung, unserem eigenen Begehren Autorität und Wert« (Libreria [1988] 2001, S.131). Dies interpretieren die Mailänderinnen als ein Geschenk, das die Schriftstellerinnen ihnen hinterlassen haben, und für das sie Dankbarkeit verdienten. Denn aus dieser Herstellung von Freiheit haben die Schriftstellerinnen den folgenden Frauengenerationen die Möglichkeit geschenkt, sich selbst in genealogischer Verbundenheit einen Wert zu verleihen, der Freiheit ermöglicht.

Warum scheitern Frauenbeziehungen den Mailänderinnen zufolge so häufig? Und warum können Differenz, Dankbarkeit, Urteil, Wert und Autorität diesem Scheitern entgegentreten? Diese Fragen sind nun zu klären, um in einem letzten Schritt erkennen zu können, wie durch diese politische Praxis der Differenz und des affidamento weibliche Freiheit entstehen kann.

Eines wird den Mailänderinnen in ihren Diskussionen und der Beschäftigung mit Frauengruppen, die vor ihnen kamen, bald deutlich: Das, was einer Frau und ihrem Willen, in die Welt zu treten und etwas von ihr Kommendes in die Welt zu stellen, entgegensteht, ist u.a. die Angst vor der Verachtung und dem Urteil anderer Frauen. Das Urteil einer Frau über die andere trifft diese immer. Es kann von enormer Wichtigkeit und Wirkmächtigkeit sein – im positiven wie im negativen Sinne. Die Angst vor diesem Urteil scheint gegenüber der Bereicherung zu überwiegen. Warum ist das so? Eine Erklärung, die die Mailänderinnen hier anbieten, beginnt bei der Disparität, der Differenz. Jede Frau, die einer anderen nahe ist, erkennt unweigerlich, dass diese Frau ihr nicht gleich ist, dass die andere etwas ist und hat, was sie selbst nicht hat, aber vielleicht gerne für sich hätte. Es entsteht ein Gefühl von Mangel, von weniger zu sein oder zu haben als die andere. Die symbolische männliche Ordnung bietet hier die soziale Beziehung des Neides an – ein Moment, den wohl alle kennen, der unter Frauen etabliert und symbolisch repräsentiert ist. Diese Bezugnahme kann jedoch keine Vermittlung zwischen Frauen herstellen, sondern nur die gefürchtete Verachtung. Die Mailänderinnen argumentieren nun: »Diese richtige Wahrnehmung [des Mangels; Anmk. JG] bleibt nur deshalb in der rudimentären Form des Neids stecken, weil die Betroffene unter den sozialen Verhaltensformen keine findet, die geeignet wäre, um mit der ›besitzenden‹ Frau in Beziehung zu treten« (Libreria [1988] 2001, S. 132). Es scheint hauptsächlich Neid und Missgunst, nicht aber Bewunderung möglich zu sein. Wie aber den Neid und die Angst vor Missachtung durchbrechen? Wie eine soziale Beziehung zwischen Frauen etablieren, die hier eine positive Bezugnahme ermöglicht? Um eine soziale Beziehung abseits von Neid herzustellen, ist die Anerkennung und Wertschätzung von Ungleichheit und Hierarchie zwischen Frauen notwendig. Durch die Benennung, durch das In-Sprache-Fassen dieses in der Differenz erlebten Mangels kann eine Frau erkennen, dass die andere Frau ein »Mehr« hat, von dem die Erstgenannte nicht abgeschnitten ist, das ihr nicht verwehrt ist, sondern das sie von der »besitzenden« Frau bekommen kann. In dieser Formel übersetzt sich Neid in eine produktive Beziehung, in der die eine von der anderen etwas für sich erlangen kann, was sie begehrt. »Wir können die Ungleichheit sehen und benennen, denn wir verlassen uns darauf, daß der Mangel, den eine Frau einer anderen gegenüber empfindet, sie zu einem Mehr [...] hinführt, zu einem Mehr, zu dem auch sie fähig ist und das sich bei ihr eben in dieser Erfahrung des Mangels zeigt« (Libreria [1988] 2001, S. 130). Diese Überwindung bzw. Umdeutung von durch Neid geprägten Beziehungen zwischen Frauen lässt, wie ich finde, bereits erahnen, welche Möglichkeit und Bereicherung affidamento für das Leben und die Verwirklichung von Beziehungen unter Frauen bieten kann. Ich kann erkennen, dass eine Frau, die ich beneide, für mich enorm bewundernswert ist – sie hat etwas, das ich auch für mich möchte. Diese Beziehung und Wertschätzung wird mir zu der Gewissheit verhelfen, dass auch ich zu einem »Mehr« fähig bin. Diesem »Mehr« einen sozialen Wert zu geben, fassen die Frauen des Buchladens mit dem Konzept der Autorität. Sie folgern, »daß eine Frau die Quelle unseres Werts als Mensch sein kann« (ebd.).

Aber, und dies ist zentral, diese Quelle darf nicht eine Kopie der männlichen Autorität sein, darf also nicht als jene uns bereits bekannte soziale Form verstanden und gelebt werden. Autorität ist für die Italienerinnen eine »symbolisch vermittelte Beziehungsqualität« (Kahlert 2010, S.95). Durch Vertrauen wird eine Verbindlichkeit gelebt, »die sich auf die Bereitschaft und Fähigkeit der Einzelnen gründet, aneinander zu wachsen und voneinander zu lernen. Autorität ist also ein Prozess und Produkt von Kommunikation, Beziehung und (Ver)Bindung« (ebd.).[16] Es sind alltägliche Momente, die Autorität unter Frauen bestimmen, Momente, in denen sich eine Frau auf die Einschätzung und Perspektive einer anderen bezieht, diese als wichtig setzt und dadurch bestärkt. Wie es die Mailänderinnen wunderschön auf den Punkt bringen: »Die symbolischen Formen dieser Autorität sind die konkreten Handlungen, die einer Frau zu Freiheit und Selbstwertgefühl verhelfen. Anders drückt sich die Autorität nicht aus« (Libreria [1988] 2001, S.157). Häufig wurde der Vorwurf laut,

16   Weibliche Autorität hat also nichts zu tun mit Autoritätsfiguren männlichen Ursprungs wie Vater, Gott, Staat oder Partei.
      Sie entsteht »im Kontext der politischen Praxis mittels Worten und Gesten des alltäglichen Lebens, in der Beziehung zu der einen oder der anderen Frau, mit der Verstärkung des Begehrens, in der Nähe zu alltäglichen Dingen« (Libreria [1988] 2001, S.130).

dass diese Betonung der Autorität und Ungleichheit die gegebenen sozialen Hierarchien unterstütze. An dieser Stelle werden die Mailänderinnen sehr deutlich. Ihrer Ansicht nach entsteht dieses Missverständnis aus der Schwierigkeit heraus, »Autorität und Überlegenheit anzuerkennen, ohne diese mit Herrschaft, mit Unterstützung der Macht und mit hierarchischen Formen in Verbindung zu bringen« (Libreria [1988] 2001, S.160)[17], also es abseits bereits bekannter und etablierter Weisen zu verstehen – eine Schwierigkeit, die wohl leicht nachvollziehbar ist. Etwas Unbekanntes, noch nicht Gedachtes oder Erlebtes mit dem schon Gedachten in Einklang zu bringen, es zu dem, was schon da ist, – zu denken, ist nicht leicht oder selbstverständlich. Erreicht werden kann es jedoch nur, wenn es in den Alltag, in die Praxis übersetzt wird, wenn es *gemacht* wird. Auf die Voraussetzungen, die diese Möglichkeit eröffnen, und die Freiheit, die dieser Vollzug mit sich bringt, werde ich im letzten Kapitel des Textes eingehen.

Die Beziehung unter Frauen basiert also auf Tausch bzw. auf Austausch und Bezogenheit. Dankbarkeit ist jener Aspekt, den die *Jüngere,* die Tochter der *Älteren,* der Mutter, in die-

17   Die Aufforderung, der Bewunderung einer Frau gegenüber
      Ausdruck zu verleihen, wurde missverstanden. Verstanden
      wurde: Wenn du dem Mann so viel Bewunderung zeigst, dann
      zeig es gefälligst auch der Frau gegenüber. Affidamento soll
      hier allerdings ein soziales Moment, eine symbolisch repräsen-
      tierte Beziehung und kein Moment von Macht sein. Männlich
      geprägte Macht soll nicht auf Frauen übertragen »und somit
      als universale, neutrale Vermittlungsinstanz bestätigt« werden
      (Libreria [1988] 2001, S.160). Der Autorität in einer Beziehung
      zwischen Frauen einen neuen und auf einander bezogenen
      Platz einzuräumen ist es, was dieser Beziehung und diesen
      Frauen Stärke und Freiheit verleiht: »Die Einführung des affi-
      damento in das System der sozialen Beziehungen kann
      die weibliche Differenz davor bewahren, von einem System
      neutraler Maßstäbe einverleibt zu werden« (ebd).

sem Tausch gibt, verleiht der Mutter und sich selbst dadurch symbolisch vermittelten Wert und Autorität und macht sich und die andere zu Subjekten des Tausches. Die Ältere wiederum legitimiert den Wunsch und das Begehren der *Jüngeren,* in der Welt eine Rolle zu spielen, sich zu verwirklichen und einen Wert zu haben. Die Ältere gibt der *Jüngeren* durch diese Legitimität eine Art der Unterstützung, die eine Frau sonst selten bekommt: Wann immer eine Frau die Beharrlichkeit verliert, ihren Wunsch zu verfolgen, sich also auf ihrem Weg hin zur Wunscherfüllung verunsichert umdreht, zurückgehen und die Wunschverfolgung aufgeben will, wird die ältere Frau hinter ihr stehen und sagen: »Mach weiter! Gib nicht auf!« Sie wird dem Wunsch der Verwirklichung Zusprache geben. Die Ältere wird diesen Wunsch der *Jüngeren* also ernst nehmen und durch ihren Maßstab beurteilen und dadurch Legitimation geben, auch wenn sie es kritisch einschätzt. Aus der eigenen Position einen Maßstab zur Beurteilung zu kreieren und diesen sozial vermittelt einer anderen zur Verfügung zu stellen, das ist jenes Tauschobjekt, das die Ältere gibt bzw. schenkt. Es geht nicht darum, dass die *Jüngere* dieses Urteil einfach annehmen muss, sondern darum, dankbar zu sein, dass eine Frau sich die Freiheit nimmt (also ein »Mehr« produziert), von sich selbst auszugehen und in dieser Freiheit den Wunsch der anderen erkennt und ernst nimmt. Durch diese Beurteilung und ein *Mach weiter!* gibt die Ältere der *Jüngeren* die Autorität, die sie zuvor zugesprochen bekommen hat. Autorität ist kein Besitz, sondern sie wird getauscht.

FREIHEIT IST DAS EINZIGE MITTEL, UM FREIHEIT ZU ERLANGEN

Freiheit ist in der vorgestellten differenzfeministischen Perspektive das Resultat der Anerkennung einer Bezogenheit und eines Gebundenseins und ist nicht zu verwechseln mit Souveränität oder Unabhängigkeit. Freiheit stellt das zentrale Ziel des affidamento dar: »Eine Politik der Freiheit [...] muß die

Grundlage für die Freiheit der Frauen schaffen. Die soziale Beziehung des Affidamento ist zugleich Inhalt und Strategie in diesem grundlegenden Kampf« (Libreria [1988] 2001, S. 26). Die Elemente des affidamento sind bereits besprochen worden, um Freiheit herzustellen, bedarf es jedoch noch einer grundlegenden Sache, die durch kein noch so gutes Argument ersetzt werden kann: »die persönliche Entscheidung jeder Frau« (Libreria [1988] 2001, S.143), in eine solche soziale Beziehung einzutreten, sich selbst in Verbundenheit zu vorangegangenen Frauen einen Maßstab zur Bewertung der Welt zu schaffen und so Freiheit für sich und andere herzustellen. Trifft eine Frau diese Entscheidung, so hat dies ein Ziel: Freiheit. »Die Politik der Frauen hat nicht zum Ziel, die Gesellschaft zu verbessern, sondern die Frauen zu befreien und ihnen freie Entscheidungen zu ermöglichen« (Libreria [1988] 2001, S.150). Dieser Aspekt kann nicht überbetont werden, mag er auch auf den ersten Blick verwirrend anmuten. Die Freiheit der Frauen ist nicht der Weg zu einem anderen Ziel wie z.B. der Verbesserung der Welt, sondern sie ist selbst das Ziel. Wenn das nicht eingesehen wird, bleibt missverstanden, was es bedeutet, Frauen einen Wert zu geben, nämlich »sie zu befreien von der Pflicht, sich für ihre Differenz rechtfertigen zu müssen« (ebd.).

Zentral ist diese Entscheidung auch, damit weibliche Freiheit nicht von Fortschritten einer Kultur abhängig ist, »die sich seit Urzeiten von der Verachtung unseres Geschlechts nährt« (Libreria [1988] 2001, S.176).[18] Die weibliche Freiheit muss sich durch sich selbst garantieren, und damit das gelingt, »ist es unerläßlich, die historischen Umstände, die unsere

18   Dies bedeutet selbstverständlich nicht, dass die Fortschritte, die sinnvoll für Frauen waren, (Reproduktionstechnologien, zurückgehende Kindersterblichkeit, gesellschaftliche Regeln, die Gewalt und Vergewaltigung verbieten etc.) abzulehnen sind, aber davon kann weibliche Freiheit nicht abhängig sein.

Befreiung von außen her begünstigt haben, sozusagen über-
flüssig zu machen« (Libreria [1988] 2001, S.175). Denn an
unzähligen Momenten der menschlichen Geschichte hat sich
gezeigt, dass die erkämpften Rechte wieder zurückgenom-
men werden, sobald sich die gesellschaftlichen Umstände verändern oder Krisen (ökonomische, ökologische oder andere)
auftreten. Argumentiert wird dies mit Notwendigkeit für die
»gesamte« Gesellschaft. Die historischen und gesellschaftlichen Umstände müssen also in Freiheit übersetzt werden bzw.
durch Freiheit ersetzt werden. Die Freiheit zu leben, die eigenen Maßstäbe für die Beurteilung und Betrachtung der Welt
einzusetzen, diese in liebevoller Zuwendung zur Verfügung
zu stellen und dafür Autorität und Dankbarkeit zu erlangen
– diese soziale Form der Beziehung verhilft zur Etablierung
von Differenz und zur Herstellung der Freiheit. »Wir müssen
zur Quelle unserer Freiheit vordringen, um sie sicher zu besit-
zen [...]« (ebd.); nur dadurch kann sichergestellt werden, dass
sie auch reproduziert werden kann, wenn die Umstände sich
ändern. Eine Frau muss sich und anderen Frauen die Freiheit
verleihen, ihre Existenz von sich selbst ausgehend zu entwerfen.

Bei den Treffen der Beteiligten zu diesem Buchprojekt haben
wir über Themen gesprochen, die ich retrospektiv als frauen-
spezifisch bezeichnen würde: Wie können und wollen wir uns
als Frauen in der Gesellschaft zu Wort melden? Warum finden
wir es wichtig, das zu tun? Welche feministischen Perspektiven haben uns in unserem Leben bereits weitergebracht,
indem sie unseren Horizont, unser Denken über die Welt deutlicher gemacht und unser Handeln produktiv gelenkt haben?
Und welche haben uns enttäuscht? Wie und mit wem wollen
wir uns zusammenschließen, um die Welt in unserem Sinne
zu gestalten? Aus meiner Sicht greift der Aufruf der Mailänderinnen, weibliche Freiheit herzustellen, all diese Fragen auf
oder berührt sie, bietet neue Perspektiven und eröffnet neue
Wege. Die thematische Freiheit, die uns Autorinnen von den
Herausgeberinnen des Bandes gegeben wurde, führte in einem

der letzten Treffen, in dem wir unsere inhaltlichen Entscheidungen miteinander besprachen, zu der Erkenntnis, dass aus
dieser Freiheit eine Notwendigkeit entstand, sich selbst zu
positionieren und dadurch dieser Entscheidung Legitimation
zu verleihen. Diese eigene Stimme zu wählen bedeutete auch
den eigenen Maßstab und die eigenen Prioritätensetzungen in
die Welt zu stellen und anderen als Maßstab zur Bewertung
anzubieten. Durch unsere gemeinsamen Gespräche und die
Zustimmung wie auch Kritik, die wir uns gaben, konnten
eigene Unsicherheiten bearbeitbar und vielleicht sogar besei-
tigt werden. Denn »die Freiheit, die eine Frau in den Beziehungen zwischen Frauen gewinnt, [ist] ihre Freiheit, und [...]
der Pakt, durch den sie sich in Freiheit an ihresgleichen bin-
det, [verbindet] sie mit der gesamten Welt [...]« (Libreria [1988]
2001, S.167).

Literatur

Butler, Judith (1991): Das Unbehagen der Geschlechter. Frankfurt
a.M.: Suhrkamp.

Gerhard, Ute/Jansen, Mechthild/Maihofer, Andrea/Schmid, Pia/
Schulz, Irmgard (Hg.) (1990): *Differenz und Gleichheit.
Menschenrechte haben (k)ein Geschlecht.* Frankfurt a.M.:
Ulrike Helmer Verlag.

Irigaray, Luce (1980): *Speculum – Spiegel des anderen Geschlechts.*
Frankfurt a.M.: Suhrkamp.

Irigaray, Luce (Verfasserin) (Hg.) (1987): Zur Geschlechterdifferenz.
Interviews und Vorträge. Aus dem Französischen von Xenia
Rajewsky. *Frauenforschung* Band 5. Wien: Wiener Frauenverlag.

Kahlert, Heike (2010): Differenz, Genealogie, Affidamento: Das
italienische ›pensiero della differenze senssuale‹ in der internationalen Rezeption. In: Ruth Becker und Beate Kortendiek
(Hg.): *Handbuch Frauen- und Geschlechterforschung: Theorien,
Methoden,* Empirie. 3. Aufl. Wiesbaden: VS Verlag für Sozial-
wissenschaften, S. 94–102.

Krondorfer, Birge (2019): »Wenn du dich rührst, störst du ihre
Ordnung«. Eine kleine Einführung in das Denken von Luce
Irigaray. In: *AEP Informationen. Feministische Zeitschrift
für Politik und Gesellschaft* 46 (2), S. 9–12.

Letsch, Verena/Merkle, Isabell (2018): Andres zusammen, zusammen
anders. Vom Differenzfeminismus lernen. In: Friederike Beier,
Lisa Yashodhara Haller und Lea Haneberg (Hg.): *material-
izing feminism. Positionierungen zu Ökonomie, Staat und
Identität.* Münster: Unrast Verlag, S. 209–228.

Libreria delle donne di Milano ([1988] 2001): *Wie weibliche Freiheit
entsteht. Eine neue politische Praxis.* 5. Aufl. Berlin: Orlando
Frauenverlag.

Soiland, Tove (2017): *Es geht um CARE? Sprechen wir doch lieber
von der Mutter.* Hg. v. Frauenhetz Wien. Online verfügbar
unter http://frauenhetz.jetzt/wp-content/uploads/2020/11/
T.Soiland.pdf, zuletzt aktualisiert am 28.02.2022.

Soiland, Tove (2019): Die mütterliche Gabe hat keine symbolische
Existenz. In: *AEP Informationen. Feministische Zeitschrift für
Politik und Gesellschaft* 46 (2), S. 23–26, 39–41.

A woman must have money and a room of her *own* [...]
Virginia Woolf

ANHANG

**Die Herausgeberinnen Sandra C. Hochholzer, Susanne Baumann
und Daniela Banglmayr (vlnr.)**

Daniela Banglmayr
Susanne Baumann
Sandra C. Hochholzer

Female positions on air: Von Dezember
2021 bis Oktober 2022 entsteht eine
Portraitreihe der Autorinnen unter dem
Titel *female positions – Positionen
von Frauen* sowie zusätzliche *Making
of female positions* Sendungen. Die
Sendereihe wird von dem Produktions-
team Daniela Banglmayr, Sandra C.
Hochholzer und Claudia Wegener gestaltet und auf Radio FRO 105,0 MHz
gesendet.

Nachzuhören sind alle Sendungen unter
www.fro.at sowie im Audioarchiv
der Freien Radios in Österreich cba.fro.at
jeweils unter dem Suchbegriff:
female positions

RADIO FRO

Linz
Kultur

Volkshoch
schule **L⊻nz**

Frauen
büro **L♀nz**

**KULTUR
LAND**
OBERÖSTERREICH

**STADT
WERK
STATT**

Frauen *ober* österreich

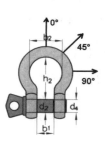

LINZ AG

 GUTENBERG
Wir drucken uns nicht vor der Verantwortung.

mak**art** Verein für Kunst,
Kultur und Politik

 österreichische gesellschaft
für **politische bildung**

SPARKASSE **Ś**
Oberösterreich

DIE REFERENTIN
Kunst und kulturelle Nahversorgung

Depot

We should *all* be feminists
Chimamanda Ngozi Adichie

Bildnachweise

Impressum:
Herausgegeben vom Verein
für gesellschaftspolitische
Positionen

Projektleitung und Redaktion:
Daniela Banglmayr
Susanne Baumann
Sandra C. Hochholzer

Titelbild:
Hiroko Ueba
www.hirokoueba.com
Bildtitel: *communication*

Buchgestaltung:
Alexandra Möllner
www.alexandramoellner.at

Papier:
Munken Lynx 240 g/m2,
Munken Pure 90 g/m2

Schrift:
Kéroïne Doux Extrême,
Kéroïne Intense Légère,
∗ Calyces Inc.,
© Charlotte Rohde

1. Auflage:
500 Stück

ISBN: 978-3-200-08427-8

Druck:
Gutenberg-Werbering GmbH,
4020 Linz

Medieninhaber:
Verein für gesellschafts-
politische Positionen

Gegründet 2021
ZVR: 1398140225
4030 Linz, Austria

office@femalepositions.at
www.femalepositions.at

Unterstützer∗innen und
Kooperationspartner∗innen
Die Referentin
Depot – Kunst und Diskussion
Frauenbüro Linz
Frauenland OÖ
Halfbit.org
Kulturland OÖ
Linz AG
LinzKultur
Makart – Verein für Kunst,
  Kultur und Politik
Österr. Gesellschaft für
  politische Bildung
Radio Fro
Sparkasse OÖ
Stadtwerkstatt
VHS Wissensturm Linz

Hannelore Leindecker

Markus Banglmayr

Brigitte Aulenbacher

Thomas Bogner

Elisabeth Cepek-Neuhauser

Conny Erber

Ute Stockinger

Sandra C. Hochholzer   Tanja Brandmayr

Daniela Banglmayr

Hiroko Ueba

Verena Koch

Johanna Grubner

Alexandra Möllner

Barbi Marković

Ljuba Arnautović

Anna Katharina Laggner

Claudia Wegener   Susanne Baumann

Beate Hausbichler

Mari Lang

Eva Sangiorgi

Sabine Gebetsroither

Claudia Seigmann   Katja Fischer

Tanja Traxler

Birgit Dolzer

Franz Xaver